공부력

Q 왜 공부력을 키워야 할까요?

쓰기력

정확한 의사소통의 기본기이며 논리의 바탕

연필을 잡고 종이에 쓰는 것을 괴로워한다!
맞춤법을 몰라 정확한 쓰기를 못한다!
말은 잘하지만 조리 있게 쓰는 것이 어렵다!
그래서 글쓰기의 기본 규칙을 정확히 알고
써야 공부 능력이 향상됩니다.

어휘력

교과 내용 이해와 독해력의 기본 바탕

어휘를 몰라서 수학 문제를 못 푼다!
어휘를 몰라서 사회, 과학 내용 이해가 안 된다!
어휘를 몰라서 수업 내용을 따라가기 어렵다!
그래서 교과 내용 이해의 기본 바탕을
다지기 위해 어휘 학습을 해야 합니다.

독해력

모든 교과 실력 향상의 기본 바탕

글을 읽었지만 무슨 내용인지 모른다!
글을 읽고 이해하는 데 시간이 오래 걸린다!
읽어서 이해하는 공부 방식을 거부하려고 한다!
그래서 통합적 사고력의 바탕인 독해 공부로
교과 실력 향상의 기본기를 닦아야 합니다.

계산력

초등 수학의 핵심이자 기본 바탕

계산 과정의 실수가 잦다!
계산을 하긴 하는데 시간이 오래 걸린다!
계산은 하는데 계산 개념을 정확히 모른다!
그래서 계산 개념을 익히고 속도와 정확성을
높이기 위한 훈련을 통해 계산력을 키워야 합니다.

세상이 변해도
배움의 즐거움은
변함없도록

시대는 빠르게 변해도
배움의 즐거움은
변함없어야 하기에

어제의 비상은
남다른 교재부터
결이 다른 콘텐츠
전에 없던 교육 플랫폼까지

변함없는 혁신으로
교육 문화 환경의 새로운 전형을
실현해왔습니다.

비상은 오늘, 다시 한번
새로운 교육 문화 환경을 실현하기 위한
또 하나의 혁신을 시작합니다.

오늘의 내가 어제의 나를 초월하고
오늘의 교육이 어제의 교육을 초월하여
배움의 즐거움을 지속하는 혁신,

바로, 메타인지 기반 완전 학습을.

상상을 실현하는 교육 문화 기업 비상

메타인지 기반 완전 학습

초월을 뜻하는 meta와 생각을 뜻하는 인지가 결합한 메타인지는
자신이 알고 모르는 것을 스스로 구분하고 학습계획을 세우도록 하는
궁극의 학습 능력입니다. 비상의 메타인지 기반 완전 학습 시스템은
잠들어 있는 메타인지를 깨워 공부를 100% 내 것으로 만들도록 합니다.

w 완자

공부력

초등 국어

독해 1A

초등 국어 독해
1A, 1B, 2A, 2B 글감 구성

특징과 활용법

하루 4쪽 공부하기

✳ 글을 읽고 문제를 풀면서 독해 능력을 키워요.

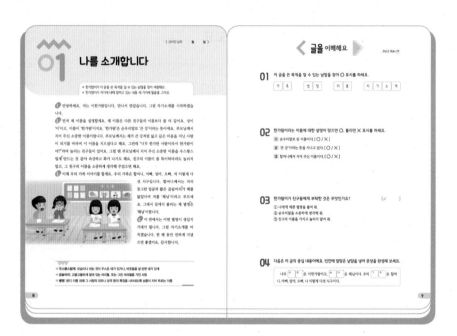

✳ 글에 나온 어휘를 다양한 문제를 통해 재미있게 익혀요.

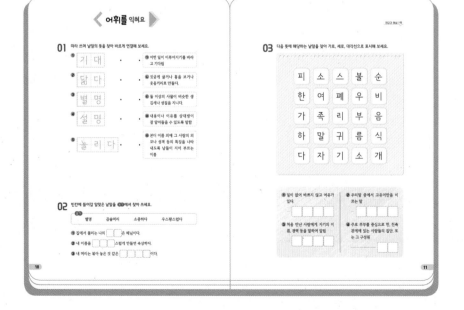

✅ 책으로 하루 4쪽 공부하며, 초등 독해력을 키워요!

✅ 모바일앱으로 공부한 내용을 복습하고 몬스터를 잡아요!

공부한 내용 확인하기

모바일앱으로 복습하기

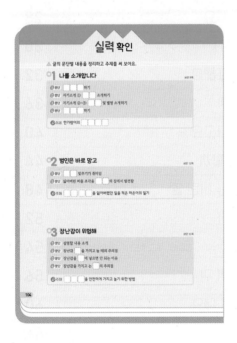

앱 다운받기　　책 인증하기

✳ 20일 동안 공부한 내용을 정리 💡 해 보며 자기의 실력을 확인해요.

✳ 그날 배운 내용을 바로바로, 또는 주말에 모아서 복습하고, 다이아몬드 획득까지! 💎 공부가 저절로 즐거워져요!

차례

우리도 하루 4쪽 공부 습관!
스스로 공부하는 힘을
키워 볼까요?

큰 습관이
지금은 그 친구를 이끌고 있어요.
매일매일의 좋은 습관은 우리를 좋은
곳으로 이끌어 줄 거예요.

한 친구가
작은 습관을 만들었어요.

매일매일의 시간이 흘러
작은 습관은 큰 습관이 되었어요.

나를 소개합니다

◆ 한가람이가 이 글을 쓴 목적을 알 수 있는 낱말을 찾아 색칠해요.
◆ 한가람이가 자기에 대해 알리고 있는 내용 세 가지에 밑줄을 그어요.

1 안녕하세요. 저는 이한가람입니다. 만나서 반갑습니다. 그럼 자기소개를 시작하겠습니다.

2 먼저 제 이름을 설명할게요. 제 이름은 다른 친구들의 이름보다 좀 더 길어요. 성이 '이'이고, 이름이 '한가람'이지요. '한가람'은 순우리말로 '큰 강'이라는 뜻이에요. 부모님께서 지어 주신 소중한 이름이랍니다. 부모님께서는 제가 큰 강처럼 넓고 깊은 마음을 지닌 사람이 되기를 바라며 이 이름을 지으셨다고 해요. 그런데 "너무 한가한 사람이라서 한가람이야?"라며 놀리는 친구들이 있어요. 그럴 땐 부모님께서 지어 주신 소중한 이름을 우스꽝스럽게 만드는 것 같아 속상하고 화가 나기도 해요. 친구의 이름이 좀 특이하더라도 놀리지 말고, 그 친구의 이름을 소중하게 생각해 주었으면 해요.

3 이제 우리 가족 이야기를 할게요. 우리 가족은 할머니, 아빠, 엄마, 오빠, 저 이렇게 다섯 식구입니다. 할머니께서는 저의 동그란 얼굴과 짧은 곱슬머리가 해를 닮았다며 저를 '해님'이라고 부르세요. 그래서 집에서 불리는 제 별명은 '해님'이랍니다.

4 이 반에서는 어떤 별명이 생길지 기대가 됩니다. 그럼 자기소개를 마치겠습니다. 한 해 동안 친하게 지냈으면 좋겠어요. 감사합니다.

◆ **우스꽝스럽게**: 모습이나 하는 짓이 우스운 데가 있거나, 비웃음을 살 만한 데가 있게
◆ **곱슬머리**: 고불고불하게 말려 있는 머리털. 또는 그런 머리털을 가진 사람
◆ **별명**: 본디 이름 외에 그 사람의 외모나 성격 등의 특징을 나타내도록 남들이 지어 부르는 이름

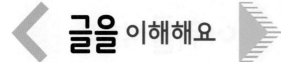
01 이 글을 쓴 목적을 알 수 있는 낱말을 찾아 ○ 표시를 하세요.

가 족   별 명   이 름   자 기 소 개

02 한가람이라는 이름에 대한 설명이 맞으면 ○, 틀리면 ✕ 표시를 하세요.

1 순우리말로 된 이름이다. [○ / ✕]

2 '큰 강'이라는 뜻을 지니고 있다. [○ / ✕]

3 할머니께서 지어 주신 이름이다. [○ / ✕]

03 한가람이가 친구들에게 부탁한 것은 무엇인가요? [✎   ]

① 나에게 예쁜 별명을 붙여 줘.

② 순우리말을 소중하게 생각해 줘.

③ 친구의 이름을 가지고 놀리지 말아 줘.

04 다음은 이 글의 중심 내용이에요. 빈칸에 알맞은 낱말을 넣어 문장을 완성해 보세요.

나의 ㅇㄹ 은 이한가람이고, ㅂㅁ 은 해님이다. 우리 ㄱㅈ 은 할머니, 아빠, 엄마, 오빠, 나 이렇게 다섯 식구이다.

01 따라 쓰며 낱말의 뜻을 찾아 바르게 연결해 보세요.

① 기 대 •

• ㄱ 어떤 일이 이루어지기를 바라고 기다림

② 닮 다 •

• ㄴ 짓궂게 굴거나 흉을 보거나 웃음거리로 만들다.

③ 별 명 •

• ㄷ 둘 이상의 사물이 비슷한 생김새나 성질을 지니다.

④ 설 명 •

• ㄹ 내용이나 이유를 상대방이 잘 알아들을 수 있도록 말함

⑤ 놀 리 다 •

• ㅁ 본디 이름 외에 그 사람의 외모나 성격 등의 특징을 나타내도록 남들이 지어 부르는 이름

02 보기 에서 알맞은 낱말을 골라 다음 문장을 바르게 완성하세요.

보기

| 별명 | 곱슬머리 | 소중(하다) | 우스꽝(스럽다) |

① 집에서 불리는 나의 ☐☐ 은 해님이다.

② 내 이름을 ☐☐☐ 스럽게 만들면 속상하다.

③ 내 머리는 볶아 놓은 것 같은 ☐☐☐☐ 이다.

03 다음 뜻에 해당하는 낱말을 찾아 가로, 세로, 대각선으로 표시해 보세요.

피	소	스	불	순
한	여	폐	우	비
가	족	리	부	음
하	말	귀	름	식
다	자	기	소	개

❶ 일이 없어 바쁘지 않고 여유가 있다.

☐ ☐ ☐ ☐

❷ 우리말 중에서 고유어만을 이르는 말

☐ ☐ ☐ ☐

❸ 처음 만난 사람에게 자기의 이름, 경력 등을 말하여 알림

☐ ☐ ☐ ☐

❹ 주로 부부를 중심으로 한, 친족 관계에 있는 사람들의 집단. 또는 그 구성원

☐ ☐

범인은 바로 망고

◆ 하은이의 취미가 무엇인지 해당하는 낱말을 찾아 색칠해요.
◆ 하은이가 오늘 겪은 일에 밑줄을 그어요.

날짜: 4월 8일 수요일	날씨: 맑음
제목: 범인은 바로 망고	이름: 이하은

❶ 나의 취미는 퍼즐 맞추기이다. 여러 가지 모양의 조각들이 딱딱 들어맞을 때 정말 기분이 좋다.

❷ 그런데 오늘 내가 가장 좋아하는 퍼즐의 한 조각이 사라졌다. 그 조각이 없으면 퍼즐을 제대로 완성할 수 없기 때문에 매우 속이 상했다. 책상 밑에도, 침대 위에도 없었다. 여기저기를 찾던 중 우리 강아지 망고의 집에서 잃어버린 퍼즐 조각을 발견했다. 망고야, 앞으로 또 이러면 정말 화낼 거야!

◆ 취미: 직업이나 전문적인 일 외에 재미로 즐기기 위하여 하는 일
◆ 완성할: 만드는 물건이나 작품을 끝까지 다 이룩할
◆ 상했다: 마음이 언짢거나 아팠다.

01 이 글의 중심 낱말로 알맞은 것을 찾아 ○ 표시를 하세요.

| 기 | 분 |

| 모 | 양 |

| 책 | 상 |

| 퍼 | 즐 |

02 하은이가 4월 8일에 속상해한 이유는 무엇인가요?

① 강아지가 아파서
② 강아지의 집이 부서져서
③ 퍼즐의 한 조각이 사라져서

03 하은이의 그림일기에 등장하는 망고는 누구인지 ✓ 표시를 하세요.

햄스터　　　　　강아지　　　　　고양이

04 다음은 이 글의 중심 내용이에요. 빈칸에 알맞은 낱말을 넣어 문장을 완성해 보세요.

하은이는 | ㅁ | ㄱ | 의 | ㅈ | 에서 잃어버린 | ㅍ | ㅈ | ㅈ | ㄱ | 을 찾았다.

어휘를 익혀요

01 따라 쓰며 낱말의 뜻을 찾아 바르게 연결해 보세요.

① 　　•

　　　　　　　•　ㄱ 사물의 크고 작고, 둥글고 네모 나고 하는 등의 생김새

② 　　•

　　　　　　　•　ㄴ 한 물건에서 따로 떨어져 나가 거나 떼어 낸 작은 부분

③ 　　•

　　　　　　　•　ㄷ 대상이나 환경에 따라 그때그 때 달라지는 감정의 상태

④ 조 각　　•

　　　　　　　•　ㄹ 머리를 써서 문제를 푸는 놀이 로, 낱말이나 숫자, 도형 맞추기 등이 있음

⑤ 　　•

　　　　　　　•　ㅁ 아직 아무도 찾아내지 못하였 거나 세상에 알려지지 않은 사 실, 현상 등을 처음 찾아냄

02 보기 에서 알맞은 낱말을 골라 다음 문장을 바르게 완성하세요.

> 보기
>
> 　모양　　　취미　　　발견(하다)　　　완성(하다)

① 하은이는 퍼즐 맞추기가 　□□ 이다.

② 하은이는 망고의 집에서 잃어버린 퍼즐 조각을 　□□ 했다.

③ 하은이는 망고가 퍼즐 조각을 가져가서 퍼즐을 　□□ 할 수 없었다.

03 갈림길에 낱말의 뜻이 적혀 있어요. 해당하는 낱말을 골라 민재에게 집으로 가는 길을 안내해 주세요.

03 장난감이 위험해

◆ 이 글에서 설명하고 있는 대상이 무엇인지 해당하는 낱말을 찾아 색칠해요.
◆ 장난감을 안전하게 가지고 놀기 위해 주의할 점 네 가지에 밑줄을 그어요.

1 장난감은 우리 곁에서 좋은 친구가 되어 줍니다. 그렇지만 이 장난감이 우리를 위험하게 할 수도 있어요. 장난감을 안전하게 가지고 놀기 위해서는 어떻게 해야 할지 알아보도록 해요.

2 여러분은 비비탄총이나 화약총을 가지고 놀아 본 적이 있나요? 장난감 총은 멋지게 생겼지만 비비탄에 눈을 다칠 수도 있고, 화약에 화상을 입을 수도 있어요. 따라서 이런 위험한 장난감 총은 되도록 가지고 놀지 않는 것이 좋아요. 그래도 장난감 총을 가지고 놀고 싶다면, 총을 사람이나 동물을 향해 쏘지 않도록 조심해야 해요.

3 또 구슬이나 고무풍선처럼 어린이가 삼켜서 질식할 수 있는 작은 크기의 장난감도 조심해서 가지고 놀아야 해요. 절대로 입에 넣으면 안 돼요. 물론, 다른 큰 장난감들도 입에 넣거나 빨면 안 돼요. 입을 다칠 수도 있고, 장난감에 있는 세균이나 화학 물질이 우리 몸을 해칠 수도 있기 때문이죠. 그래서 장난감을 만진 뒤에는 손도 깨끗이 닦아야 해요.

4 마지막으로 놀이가 끝나면 장난감을 제자리에 정리해야 해요. 바닥에 있는 뾰족한 장난감을 밟거나 장난감에 걸려 넘어지면 다칠 수 있으니까요.

◆ **화약:** 열이나 충격을 받으면 높은 열과 가스를 내면서 폭발하는 물질
◆ **화상:** 살갗이 불이나 뜨거운 열에 닿아 덴 상태
◆ **질식할:** 숨이 막힐

글을 이해해요

01 이 글의 중심 낱말로 알맞은 것을 찾아 ○ 표시를 하세요.

총   구 슬   어 린 이   장 난 감

02 다음 친구에게 해 줄 알맞은 말을 선으로 이으세요.

1  •

2  •

• ㄱ "그 장난감은 사람을 향해 쏘지 않도록 조심해야 해."

• ㄴ "그 장난감은 삼켜서 질식할 수 있으니 절대로 입에 넣으면 안 돼."

03 선생님의 질문에 알맞은 대답을 골라 그 기호를 쓰세요. [✎]

장난감을 가지고 논 뒤에는 어떻게 해야 할까요?

ㄱ "장난감을 정리함에 넣거나 제자리에 정리해 두어요."

ㄴ "다음 친구가 가지고 놀기 편하도록 바닥에 그대로 두어요."

04 다음은 이 글의 중심 내용이에요. 빈칸에 알맞은 낱말을 넣어 문장을 완성해 보세요.

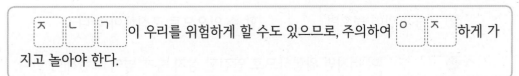

ㅈ ㄴ ㄱ 이 우리를 위험하게 할 수도 있으므로, 주의하여 ㅇ ㅈ 하게 가지고 놀아야 한다.

17

01 따라 쓰며 낱말의 뜻을 찾아 바르게 연결해 보세요.

① 세 균 •

② 정 리 •

③ 되 도 록 •

④ 삼 키 다 •

⑤ 해 치 다 •

• **ㄱ** 될 수 있는 대로

• **ㄴ** 손상시키거나 해롭게 하다.

• **ㄷ** 입속에 든 것을 목구멍으로 넘기다.

• **ㄹ** 어수선하게 흐트러진 것을 정돈하여 보기 좋게 함

• **ㅁ** 몸이 단 하나의 세포로 이루어진 아주 작은 미생물

02 보기 에서 알맞은 낱말을 골라 다음 문장을 바르게 완성하세요.

보기

| 위험 | 화상 | 화약 | 질식(하다) |

① 펄펄 끓는 물이 엎질러지면서 발등에 [ ][ ]을 입었다.

② 구슬을 입에 넣으면 [ ][ ]할 수 있으므로 조심해야 한다.

③ [ ][ ]이 터지면 위험하므로 안전한 상자 속에 넣어 보관해야 한다.

03 다음 뜻에 해당하는 낱말을 빈칸에 써서 끝말잇기를 해 보세요. 잘 모르겠다면 초성 힌트를 참고해 보세요.

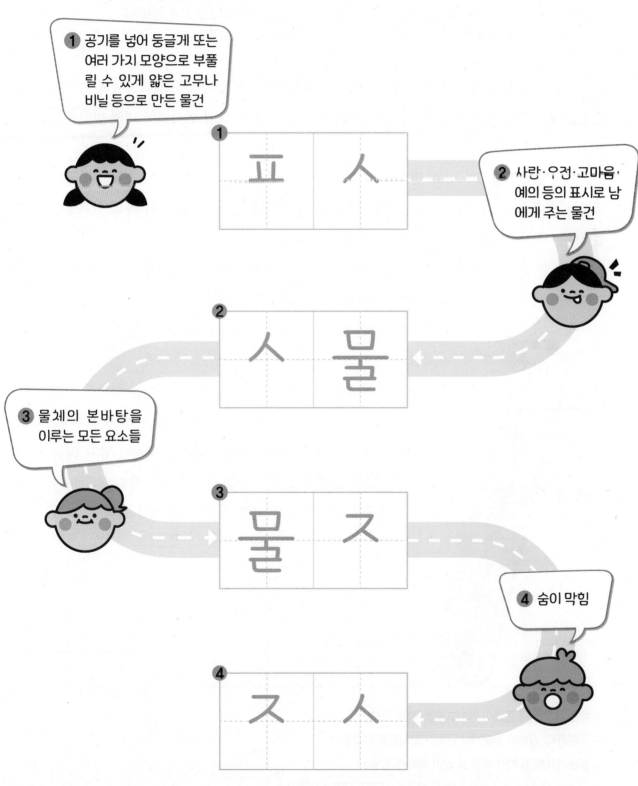

1 공기를 넣어 둥글게 또는 여러 가지 모양으로 부풀릴 수 있게 얇은 고무나 비닐 등으로 만든 물건

2 사랑·우정·고마움·예의 등의 표시로 남에게 주는 물건

3 물체의 본바탕을 이루는 모든 요소들

4 숨이 막힘

① 풍 ㅅ

② ㅅ 물

③ 물 ㅈ

④ ㅈ ㅅ

04 더위는 먹는 게 아니야

◆ 더운 날씨에 걸릴 수 있는 병이 무엇인지 해당하는 낱말을 찾아 색칠해요.
◆ 일사병에 걸렸을 때의 증상과 처치 방법에 밑줄을 그어요.

① 더운 여름날 밖에 오랫동안 서 있다가 어지러웠던 적이 있나요? 더운 날씨에 뜨거운 햇볕을 오래 쬐면 병에 걸릴 수 있어요. 바로 '일사병'이에요. 그럼 일사병에 대해 알아볼까요?

② 일사병이란 공기가 덥고 햇볕이 너무 강해서 우리 몸이 체온을 제대로 조절하지 못해 생기는 병이에요. 어른들이 "더위 먹었어!"라고 하실 때가 있는데, 이 말이 바로 일사병에 걸렸다는 뜻이랍니다.

③ 건강할 때 우리의 체온은 36.5도예요. 그런데 일사병에 걸리면 열이 몸 밖으로 빠져나가지 못해서 체온이 37도에서 40도 사이로 높아져요. 또 심장이 빨리 뛰고 어지럽고 머리도 아파요. 땀을 많이 흘리고, 속이 울렁거리거나 심하면 배까지 아파요.

어질어질

④ 따라서 햇볕이 강한 여름날에 외출할 때에는 햇볕을 가릴 수 있는 모자나, 눈을 보호할 수 있는 선글라스를 쓰는 것이 좋아요. 일사병에 걸렸을 때에는 햇볕이 닿지 않는 서늘한 곳에서 쉬면서 물을 마시면 나아져요. 소금이나 설탕이 섞인 이온 음료를 마시면 더 빨리 회복할 수 있답니다.

◆ **체온:** 사람이나 동물이 가지고 있는 몸의 온도
◆ **조절하지:** 상태가 알맞거나 균형이 잡히도록 바로잡지
◆ **울렁거리거나:** 자꾸 토할 것 같이 메슥거리거나
◆ **회복할:** 일이나 건강 등을 나빠진 상태에서 좋은 상태로 되돌릴

01 이 글의 중심 낱말로 알맞은 것을 찾아 ○ 표시를 하세요.

| 여 | 름 | | 체 | 온 | | 햇 | 볕 | | 일 | 사 | 병 |

02 다음 중 일사병에 걸렸을 때 나타나는 증상은 무엇인가요? [✎   ]

① 체온이 39도가 된다.
② 심장이 느리게 뛴다.
③ 땀을 전혀 흘리지 않는다.

03 다음 그림을 보고 일사병에 걸리지 않기 위해 해야 할 행동에는 ○, 하지 말아야 할 행동에는 ✕ 표시를 하세요.

❶ 여름 한낮에 운동장에서 오랫동안 뛰어 놀기
(   )

❷ 땀을 많이 흘렸을 때에는 물을 충분히 마시기
(   )

❸ 햇볕이 강하면 모자나 선글라스로 햇볕 가리기
(   )

04 다음은 이 글의 중심 내용이에요. 빈칸에 알맞은 낱말을 넣어 문장을 완성해 보세요.

강한 햇볕을 오래 쬐면 ㅇ ㅅ ㅂ 에 걸릴 수 있는데, 이때 서늘한 곳에서 쉬면서 물이나 ㅇ ㅇ ㅇ ㄹ 를 마시면 회복할 수 있다.

어휘를 익혀요

01 따라 쓰며 낱말의 뜻을 찾아 바르게 연결해 보세요.

1 더 위 •

• ㄱ 여름철의 더운 기운

2 보 호 •

• ㄴ 바람·연기·햇볕 등을 직접 받다.

3 쐬 다 •

• ㄷ 햇빛에서 느껴지는 따뜻하거나 뜨거운 기운

4 외 출 •

• ㄹ 볼일을 보기 위해 집이나 근무지 등에서 잠시 밖으로 나감

5 햇 볕 •

• ㅁ 사람이나 사물이 위험이나 곤란을 당하지 않도록 보살펴 지킴

02 보기 에서 알맞은 낱말을 골라 다음 문장을 바르게 완성하세요.

보기

조절   체온   회복(하다)   울렁(거리다)

1 사람의 정상적인 ☐☐ 은 36.5도이다.

2 하루빨리 건강을 ☐☐ 하시기 바랍니다.

3 차를 오래 탔더니 멀미가 나서 속이 ☐☐ 거렸다.

03 다음 어휘 카드에 적힌 뜻을 읽고, 그 뜻에 알맞은 낱말을 골라 ✔ 표시를 하세요.

❶ 정도가 지나치다.

☐ 세다　　☐ 심하다

❷ 물체의 온도나 기온이 꽤 찬 느낌이 있다.

☐ 서늘하다　　☐ 서운하다

❸ 맥박이나 심장 따위가 벌떡벌떡 움직이다.

☐ 띄다　　☐ 뛰다

❹ 병이나 상처 따위가 고쳐져 본래대로 되다.

☐ 낫다　　☐ 낮다

❺ 몸을 제대로 가눌 수 없어 정신이 흐리고 얼떨떨하다.

☐ 간지럽다　　☐ 어지럽다

05 커서 무엇이 될까요

◆ 유충과 성충을 다른 말로 무엇이라고 하는지 해당하는 낱말을 찾아 색칠해요.
◆ 애벌레와 어른벌레의 차이점에 밑줄을 그어요.

1 '송충이, 배추벌레, 수채'가 무엇인지 아나요? '솔나방, 배추흰나비, 잠자리'는요? '송충이, 배추벌레, 수채'는 애벌레이고, '솔나방, 배추흰나비, 잠자리'는 어른벌레랍니다. 애벌레는 알에서 나온 후 아직 다 자라지 않은 벌레를 말해요. 유충이라고도 하지요. 이 애벌레가 다 자란 곤충을 어른벌레라고 해요. 성충이라고도 하고요.

2 애벌레와 어른벌레는 생김새뿐만 아니라 먹이도 달라요. 먹이가 다르면 서로 먹이다툼을 하지 않으니 그만큼 살아남을 가능성이 높아지지요. 이제 애벌레 친구들을 만나 볼까요?

3 나는 송충이야! 내가 크면 무엇이 될까? 짠! 하늘을 날아다니는 솔나방이 되지. 난 지금은 소나무의 잎을 갉아 먹지만, 내가 커서 솔나방이 되면 참나무의 수액이나 과일의 즙을 빨아 먹어.

나는 배추벌레야! 내가 크면 무엇이 될까? 짠! 흰색 날개를 가진 배추흰나비가 되지. 난 지금은 배춧잎을 먹지만, 내가 커서 배추흰나비가 되면 훨훨 날아다니면서 꽃의 꿀을 빨아 먹어.

나는 수채야! 내가 크면 무엇이 될까? 짠! 큰 눈과 날카로운 턱을 가지고 긴 날개로 날아다니는 잠자리가 되지. 난 지금은 물속에서 아가미로 숨을 쉬며 실지렁이나 올챙이를 먹지만, 내가 커서 잠자리가 되면 물 밖에서 살며 파리나 모기 같은 작은 곤충을 먹어.

◆ **먹이다툼:** 같은 먹이를 먹는 생물들이 먹이 때문에 서로 다툼
◆ **수액:** 나무껍질 등에서 나오는 액체

01 이 글의 중심 낱말로 알맞은 것을 찾아 ○ 표시를 하세요.

| 소나무와 참나무 | 애벌레와 어른벌레 | 배춧잎과 배추흰나비 |

02 송충이, 배추벌레, 수채가 크면 각각 어떤 곤충이 되는지 선으로 이으세요.

송충이

배추벌레

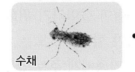
수채

잠자리

솔나방

배추흰나비

03 다음 빈칸에 들어갈 알맞은 말을 쓰세요.

1 ㅅㅊㅇ 는 소나무의 잎을, 솔나방은 참나무의 수액이나 과일의 즙을 먹는다.

2 배추벌레는 배춧잎을, 배추흰나비는 꽃의 ㄲ 을 먹는다.

3 수채는 실지렁이나 올챙이를, 잠자리는 파리나 모기 같은 작은 ㄱㅊ 을 먹는다.

04 다음은 이 글의 중심 내용이에요. 빈칸에 알맞은 낱말을 넣어 문장을 완성해 보세요.

알에서 나온 ㅇㅂㄹ 가 자라면 어른벌레가 된다. 애벌레와 어른벌레는 생김새뿐만 아니라 ㅁㅇ 가 서로 달라 ㅁㅇㄷㅌ 이 없으므로 살아남을 가능성이 높아진다.

01 따라 쓰며 낱말의 뜻을 찾아 바르게 연결해 보세요.

1 먹 이 • • ㄱ 생긴 모양새

2 성 충 • • ㄴ 다 자라서 생식 능력이 있는 곤충

3 유 충 • • ㄷ 알에서 나온 후 아직 다 자라지 아니한 벌레

4 생 김 새 • • ㄹ 물속에서 사는 동물, 특히 어류에 발달한 호흡 기관

5 아 가 미 • • ㅁ 동물이 살아가기 위하여 먹어야 할 거리. 또는 사육하는 가축에게 주는 먹을거리

02 빈칸에 들어갈 알맞은 낱말을 보기에서 찾아 쓰세요.

> **보기**
>
> 과즙　　　수액　　　가능성　　　생김새　　　아가미

1 사슴벌레는 참나무의 ☐☐을 먹으며 산다.

2 오늘 밤에는 비가 올 ☐☐☐이 높은 편이다.

3 사람마다 ☐☐☐가 다르듯이 생각도 다를 수밖에 없다.

03 다음 어휘 카드에 적힌 낱말의 뜻을 생각하며 물음에 답하세요.

(1) 제시된 낱말과 비슷한 낱말을 골라 ○ 표시를 하세요.

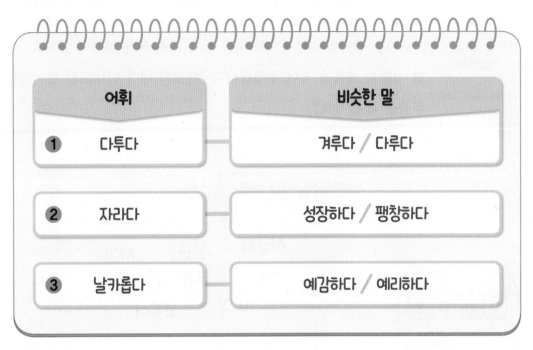

어휘	비슷한 말
❶ 다투다	겨루다 / 다루다
❷ 자라다	성장하다 / 팽창하다
❸ 날카롭다	예감하다 / 예리하다

(2) 제시된 낱말과 반대되는 낱말을 골라 ○ 표시를 하세요.

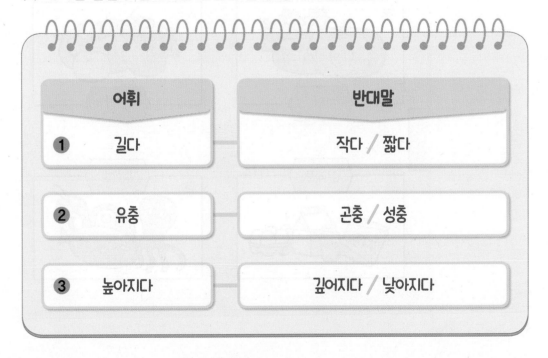

어휘	반대말
❶ 길다	작다 / 짧다
❷ 유충	곤충 / 성충
❸ 높아지다	깊어지다 / 낮아지다

생활

01 마트에서 물건을 사요

> 민재가 사야 할 식품을
> 마트의 어느 매장에서
> 살 수 있을지
> 매장 안내도에서
> 확인해요.

민재는 엄마의 심부름으로 먹을 것을 사기 위해 마트에 왔어요. 엄마께서 사야 할 식품의 목록을 적어 주셨답니다. 마트의 매장 안내도를 보며 민재와 함께 심부름을 해 볼까요?

사야 할 식품 목록

시금치	당근	사과
포도	우유	치즈
미역	고등어	

우 리 마 트

'우리 마트'의 매장 안내도

ㄱ 채소
ㄴ 과일
ㄷ 유제품 — 치즈
ㄹ 수산물

01 민재가 다음 식품을 사려면 어느 매장에 가야 할까요? 매장 안내도를 보고 식품과 그 식품을 살 수 있는 매장을 선으로 이으세요.

❶ 포도 •   • ㄱ

❷ 미역 •   • ㄴ

❸ 치즈 •   • ㄷ

❹ 시금치 •   • ㄹ

02 민재는 식품을 계산대에 올려 두었어요. 그런데 빠뜨리고 안 산 물건이 있네요. 어떤 물건을 더 사야 할지 쓰세요(2개). ✎ _____ ,

시금치   사과   포도   치즈   우유   미역

03 오른쪽 계산대를 보고 고등어 두 마리를 사려면 얼마가 필요할지 알맞은 숫자를 쓰세요.

✎ ☐ 천 원

고등어 특가! 오늘만 한 마리 2천 원

안전

○2 집에서도 조심조심

집 안에서 안전하게 생활하기 위해서는 무엇을 조심해야 할까요? 다음 상황을 살펴보고, 각 장소에서 지켜야 할 안전한 행동에 대해 생각해 보아요.

 에서는

문을 여닫을 때 문틈에 손이나 발이 끼이지 않도록 조심해요.

 에서는

냄비나 프라이팬이 뜨거울 수 있으니 맨손으로 만지지 않아요. 화상을 입을 수 있어요.

화장실 에서는

바닥이 미끄러울 수 있으니 뛰거나 장난을 치면 절대로 안 돼요.

베란다 에서는

☐☐에 기대거나 올라가면 안 돼요. 난간에서 떨어지면 크게 다칠 수 있어요.

01 네 번째 카드의 ☐☐에 들어갈 알맞은 말을 쓰세요.

베란다 에서는

ㄴ ㄱ 에 기대거나 올라가면 안 돼요. 난간에서 떨어지면 크게 다칠 수 있어요.

02 준하가 길을 잃었어요. 푯말에 적힌 내용이 맞으면 ○, 틀리면 ✕ 표시 방향으로 가야 해요. 준하에게 집으로 가는 길을 안내해 주세요.

03 집에서 조심해야 할 일에는 또 무엇이 있을지 장소와 지켜야 할 일을 쓰세요.

예 부엌 - 식탁이나 싱크대 위에 올라가지 않는다.

_____

친구들 앞에서 발표해요

◆ 하람이가 안전하게 사용하자고 말하는 대상을 찾아 색칠해요.
◆ 가전제품의 안전한 사용을 위해 하람이가 제안한 방법에 밑줄을 그어요.

1 안녕하세요. 저는 비상 초등학교 1학년 1반 남하람입니다. 며칠 전 저는 동생과 함께 집에서 숨바꼭질을 하다가 엄마께 꾸지람을 들었습니다. 어디에 숨을지 고민하다가 베란다에 있는 세탁기 속에 숨었기 때문입니다. 엄마께서는 세탁기 안에 있는 저를 발견하시고는 깜짝 놀라셨습니다. 그리고 저에게 세탁기에 들어갔다가 갇히면 숨이 막혀서 큰일날 수 있다고 말씀하셨습니다. 마찬가지로 냉장고나 식기세척기 안에도 절대로 들어가면 안 된다고 하셨습니다. 특히 식기세척기는 작동할 때 제품이 뜨거워지고, 문틈으로 열기가 나올 수 있기 때문에 가까이 가서도 안 된다고 하셨습니다.

2 이처럼 가전제품은 우리의 삶을 편리하게 해 주지만, 때로는 어린이에게 매우 위험할 수 있습니다. 그래서 우리 가족은 안전 알림장을 써서 가전제품에 붙였습니다. 안전 알림장은 가전제품을 안전하게 사용하는 방법을 쓴 쪽지입니다.

3 우리 반 친구들도 가족과 함께 안전 알림장을 만들면 좋겠습니다. 가전제품에 붙여 놓고 늘 조심한다면 더욱 안전한 생활을 할 수 있을 것입니다. 이상으로 발표를 마치겠습니다. 감사합니다.

세탁기 안에 들어가지 않는다. 세탁기에 갇히면 숨을 쉴 수 없기 때문이다.

◆ **꾸지람**: 윗사람이 아랫사람의 잘못을 꾸짖는 말
◆ **열기**: 뜨거운 기운
◆ **편리하게**: 이용하기에 어려움이 없고 편하게

01 이 글의 중심 낱말로 알맞은 것을 찾아 ○ 표시를 하세요.

| 동 | 생 | | 쪽 | 지 | | 가 | 전 | 제 | 품 | | 숨 | 바 | 꼭 | 질 |

02 세탁기 안에 들어가면 안 되는 이유는 무엇인가요?　　　[　✎　　　]

① 세탁기가 고장이 날 수 있어서
② 세탁기에 갇히면 숨이 막힐 수 있어서
③ 세탁기가 뜨거워 화상을 입을 수 있어서

03 다음은 하람이네 가족이 쓴 안전 알림장이에요. 각 안전 알림장을 어떤 가전제품에 붙일 것인지 선으로 이으세요.

❶

진공청소기

・　　　　　　　　　　・

ㄱ 작동 중인 전기밥솥을 만지지 않는다. 전기밥솥의 수증기가 피부에 닿으면 화상을 입을 수 있기 때문이다.

❷

전기밥솥

・　　　　　　　　　　・

ㄴ 작동 중인 진공청소기로 장난을 치지 않는다. 진공청소기에 머리카락이나 옷이 빨려 들어가 다칠 수 있기 때문이다.

04 다음은 이 글의 중심 내용이에요. 빈칸에 알맞은 낱말을 넣어 문장을 완성해 보세요.

　　가전제품은 우리의 삶을 편리하게 해 주지만 때로는 어린이에게 위험할 수도 있으므로, | ㅇ | ㅈ | ㅇ | ㄹ | ㅈ | 을 만들어 가전제품에 붙여 놓고 늘 조심하여 안전한 생활을 하도록 한다.

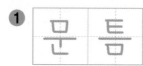

01 따라 쓰며 낱말의 뜻을 찾아 바르게 연결해 보세요.

① 문 틈 •
② 숨 다 •
③ 작 동 •
④ 갇 히 다 •
⑤ 막 히 다 •

• ㉠ 보이지 않게 몸을 감추다.

• ㉡ 닫힌 문이 벌어져 사이가 난 자리

• ㉢ (숨이나 기의 흐름이) 일시 적으로 멈추어지거나 중단 되다.

• ㉣ 기계 따위가 작용을 받아 움 직임. 또는 기계 따위를 움 직이게 함

• ㉤ 사람이나 동물이 벽으로 둘 러싸이거나 울타리가 있는 일정한 장소에 넣어져 밖으 로 나오지 못하게 되다.

02 보기 에서 알맞은 낱말을 골라 다음 문장을 바르게 완성하세요.

> **보기**
>
> 열기   꾸지람   알림장   편리(하다)

① 가전제품은 우리의 삶을 [ ][ ]하게 해 준다.

② 식기세척기는 문틈으로 [ ][ ]가 나올 수 있기 때문에 위험하다.

③ 나는 어렸을 때 말썽을 하도 부려서 어머니께 [ ][ ][ ]을 많이 들었다.

03 다음 뜻에 해당하는 낱말을 찾아 가로, 세로, 대각선으로 표시해 보세요.

꾸	지	람	불	가
한	여	숨	안	전
가	족	바	부	제
하	말	꼭	름	품
다	자	질	소	개

❶ 윗사람이 아랫사람의 잘못을 꾸짖는 말

⬚⬚⬚

❷ 위험이 생기거나 사고가 날 염려가 없음. 또는 그런 상태

⬚⬚

❸ 가정에서 사용하는 세탁기, 냉장고, 텔레비전 따위의 전기 기기 제품

⬚⬚⬚⬚

❹ 아이들 놀이의 하나로, 여럿 가운데 한 아이가 술래가 되어 숨은 사람을 찾아내는 것

⬚⬚⬚⬚

07 새우는 왜 빨개질까

◆ 새우 껍질에 들어 있는 색소의 이름을 찾아 색칠해요.
◆ 새우 껍질에 들어 있는 색소가 변하는 과정에 밑줄을 그어요.

1 여러분, 새우는 무슨 색깔일까요? 회색일까요? 붉은색일까요? 알쏭달쏭하다면 지금부터 새우의 비밀을 알아보도록 해요.

2 새우의 껍질에는 '아스타크산틴'이라는 붉은색 색소가 들어 있어요. 이 색소는 살아 있는 새우 안에서 단백질과 합쳐지면 푸른색이나 갈색이 돼요. 그래서 일반적으로 살아 있는 새우는 청회색으로 보여요. 새우와 같은 갑각류인 게도 마찬가지예요.

3 그런데 우리는 새우를 붉은색으로 기억하는 경우가 많아요. 그 이유는 새우를 익혀 먹기 때문이에요. 열에 닿으면 합쳐져 있던 색소와 단백질이 분리되어 원래의 색인 붉은색으로 돌아가요.

4 그렇다면 '아스타크산틴'이라는 색소는 어떤 역할을 할까요? 이 색소는 새우의 몸을 뜨거운 햇빛으로부터 보호해 줘요. 그리고 사람이 이 색소를 먹으면 눈이 좋아지고, 노화 방지와 암의 예방에도 도움이 된다고 해요. 특히 천연 색소인 아스타크산틴은 영양소가 미치기 어려운 눈 속과 뇌까지 침투할 수 있기 때문에 눈의 피로 회복과 동맥 경화 예방에도 효과가 있어요.

◆ **청회색**: 푸른빛을 띤 회색
◆ **분리되어**: 서로 나뉘어 떨어지거나 떨어지게 되어
◆ **노화**: 나이가 많아지면서 정신적·신체적 기능이 쇠퇴함

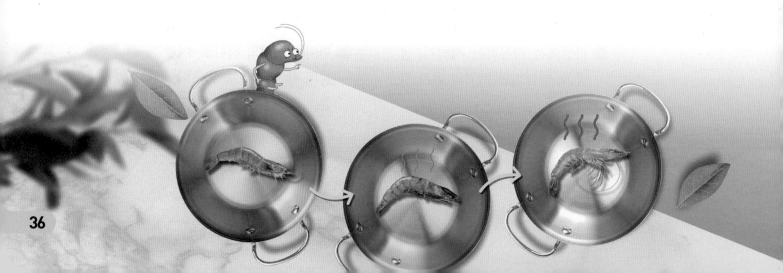

01 이 글의 중심 낱말로 알맞은 것을 찾아 ○ 표시를 하세요.

| 껍 | 질 | | 비 | 밀 | | 색 | 소 | | 아 | 스 | 타 | 크 | 산 | 틴 |

02 다음 내용이 맞으면 ○, 틀리면 ✕ 표시를 하세요.

1 새우는 익히지 않았을 때에는 청회색을 띤다. [○ / ✕]

2 아스타크산틴 색소의 원래 색은 푸른색이나 갈색이다. [○ / ✕]

03 다음은 아스타크산틴의 좋은 점을 정리한 내용이에요. 빈칸에 들어갈 알맞은 말을 쓰세요.

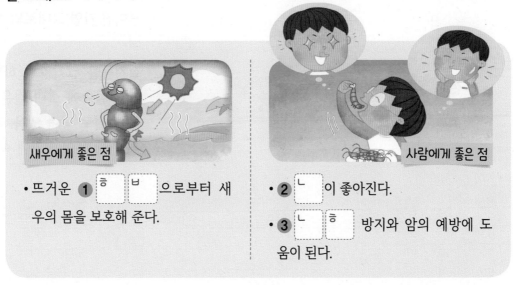

새우에게 좋은 점

• 뜨거운 **1** ㅎ ㅂ 으로부터 새우의 몸을 보호해 준다.

사람에게 좋은 점

• **2** ㄴ 이 좋아진다.

• **3** ㄴ ㅎ 방지와 암의 예방에 도움이 된다.

04 다음은 이 글의 중심 내용이에요. 빈칸에 알맞은 낱말을 넣어 문장을 완성해 보세요.

새우가 살아 있을 때는 붉은색 색소인 ㅇ ㅅ ㅌ ㅋ ㅅ ㅌ 이 단백질과 합쳐져서 청회색을 띠고, 익혔을 때는 아스타크산틴이 단백질과 분리되어 ㅂ ㅇ ㅅ 이 된다.

01 따라 쓰며 낱말의 뜻을 찾아 바르게 연결해 보세요.

① 방 지 •

② 색 소 •

③ 예 방 •

④ 천 연 •

⑤ 갑 각 류 •

• **ㄱ** 색이 나타나게 하는 근본이 되는 물질

• **ㄴ** 어떤 일이나 현상이 일어나지 못하게 막음

• **ㄷ** 질병이나 재해 따위가 일어 나기 전에 미리 대처하여 막 는 일

• **ㄹ** 사람의 손이 가지 않거나 사 람이 만들지 않은, 저절로 이 루어진 자연 그대로의 상태

• **ㅁ** 절지동물 갑각강의 하나. 대 부분 물속에 살며 겉은 딱딱 한 껍질로 덮여 있음. 게, 새 우, 가재 등이 여기에 속함

02 보기 에서 알맞은 낱말을 골라 다음 문장을 바르게 완성하세요.

보기

노화   붉은색   청회색   분리(하다)   예방(하다)

① 쓰레기는 ☐☐ 하여 버려야 한다.

② 새우를 먹으면 ☐☐ 방지에 도움이 된다.

③ 새우나 꽃게가 살아 있을 때는 ☐☐☐ 을 띤다.

03 갈림길에 낱말의 뜻이 적혀 있어요. 해당하는 낱말을 골라 민재에게 학교로 가는 길을 안내해 주세요.

08 수박은 제철이 있다고요

◆ 수박이 여름에 가장 맛이 있는 이유를 알 수 있는 낱말을 찾아 색칠해요.
◆ 제철 채소나 제철 과일이 좋은 이유에 밑줄을 그어요.

❶ 안녕하세요. 나는 여름에 먹는 대표적인 음식, 수박이에요. 나는 아주 높은 온도를 좋아해요. 그래서 7~8월에 뜨거운 햇볕을 마음껏 받으며 맛있게 익지요. 그런데 요즘 사람들은 나를 사계절 내내 먹을 수 있다며 좋아해요. 나는 누가 뭐래도 여름이 제철인데 말이에요. 여름이 제철인 나를 어떻게 아무 때나 먹을 수 있게 되었을까요?

❷ 나를 다른 계절에도 맛보려면 비닐로 커다랗게 집을 짓고 키워야 해요. 비닐하우스 말이에요. 그런데 이렇게 나를 키우는 것은 여러 가지 문제점이 있어요. 먼저 이 비닐하우스를 만들 때 쓰는 비닐, 철근, 스티로폼은 모두 땅에 묻어도 썩지 않는 것들이에요. 그래서 환경에 좋지 않아요. 그리고 나를 기르려면 여름처럼 온도가 높아야 하기 때문에 비닐하우스 안을 뜨겁게 만들어야 해요. 그러려면 난방비가 많이 들어요. 그래서 다른 계절에 파는 수박이 여름에 파는 수박보다 훨씬 비싸요. 그리고 무엇보다 중요한 사실은 제철에, 햇볕을 받으며 자란 채소나 과일이 더 맛있고, 영양가도 높다는 것이에요. 이런데도 나를 여름에 먹지 않고 봄이나 겨울에 먹겠다고 할 건가요? 우리에게는 '제철'이 있다고요.

◆ **제철:** 동식물이 자라거나 번식하거나 생산되는 데에 알맞은 시기
◆ **난방비:** 실내의 온도를 높여 따뜻하게 하는 데 드는 비용

01 이 글의 중심 낱말로 알맞은 것을 찾아 ○ 표시를 하세요.

| 여 | 름 | | 제 | 철 | | 사 | 계 | 절 | | 비 | 닐 | 하 | 우 | 스 |

02 빈칸에 들어갈 알맞은 낱말을 보기 에서 찾아 쓰세요.

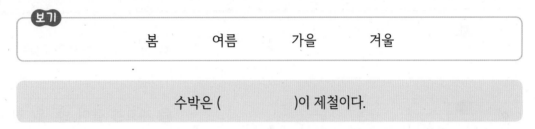

> **보기**
>
> 봄   여름   가을   겨울

수박은 (   )이 제철이다.

03 다음은 채소와 과일의 제철을 정리한 표예요. 표에서 자신이 좋아하는 채소나 과일을 찾고, 제철이 언제인지 쓰세요.

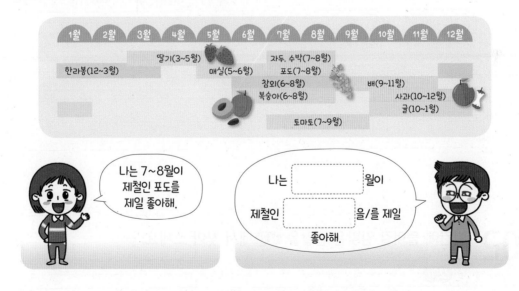

나는 7~8월이 제철인 포도를 제일 좋아해.

나는 [   ]월이 제철인 [   ]을/를 제일 좋아해.

04 다음은 이 글의 중심 내용이에요. 빈칸에 알맞은 낱말을 넣어 문장을 완성해 보세요.

> 비닐하우스에서 채소나 과일을 기르면 환경에 좋지 않고 난방비가 많이 들므로, 더 맛있고 ㅇ ㅇ ㄱ 도 높은 ㅈ ㅊ 에 난 채소나 과일을 먹는 것이 좋다.

01 따라 쓰며 낱말의 뜻을 찾아 바르게 연결해 보세요.

① 익다 •

② 짓다 •

③ 제철 •

④ 키우다 •

⑤ 마음껏 •

• ㉠ 마음에 흡족하도록

• ㉡ 열매나 씨가 여물다.

• ㉢ 동식물을 돌보아 기르다.

• ㉣ 재료를 들여 밥, 옷, 집 따위를 만들다.

• ㉤ 동식물이 자라거나 번식하거나 생산되는 데에 알맞은 시기

02 빈칸에 들어갈 알맞은 낱말을 보기 에서 찾아 쓰세요.

> 보기
>
> 온도　　　제철　　　햇볕　　　난방비　　　영양가

① □□ 에 나는 과일이 신선하고 맛이 좋다.

② 물은 0℃ 이하로 □□ 가 내려가면 얼음이 된다.

③ 비닐하우스 안을 뜨겁게 만들려면 □□□ 가 많이 든다.

03 다음 뜻에 해당하는 낱말을 빈칸에 써서 끝말잇기를 해 보세요. 잘 모르겠다면 초성 힌트를 참고해 보세요.

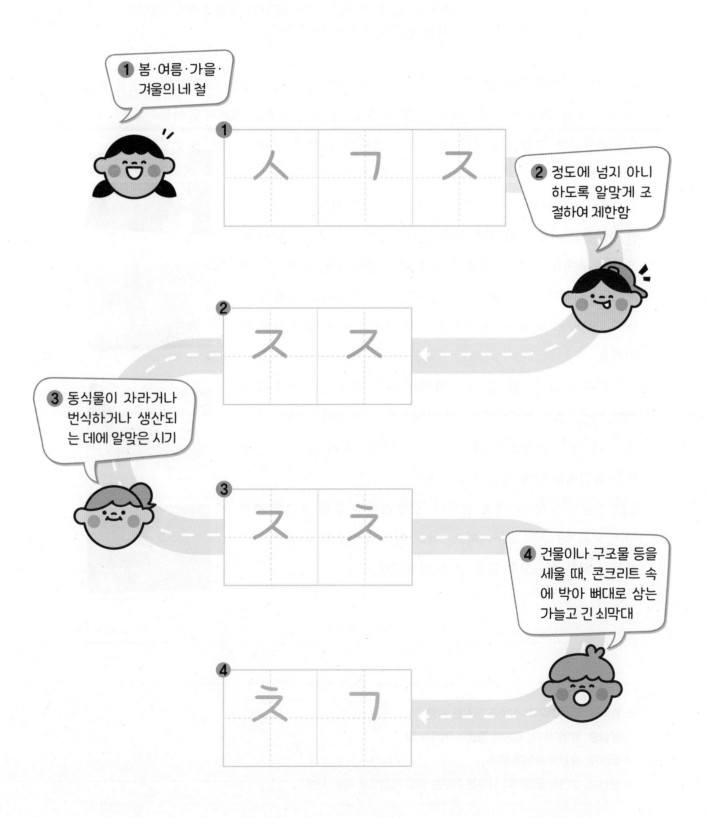

① 봄·여름·가을·겨울의 네 철

① ㅅ ㄱ ㅈ

② 정도에 넘지 아니하도록 알맞게 조절하여 제한함

② ㅈ ㅈ

③ 동식물이 자라거나 번식하거나 생산되는 데에 알맞은 시기

③ ㅈ ㅊ

④ 건물이나 구조물 등을 세울 때, 콘크리트 속에 박아 뼈대로 삼는 가늘고 긴 쇠막대

④ ㅊ ㄱ

무엇을 가지고 일할까

◆ 일을 할 때 사용하는 것을 무엇이라고 하는지 해당하는 낱말을 찾아 색칠해요.
◆ 일을 할 때 도구를 사용하는 이유에 밑줄을 그어요.

1 직업에 따라 일을 할 때 꼭 사용하는 도구가 있습니다. 알맞은 도구를 쓰면 일을 빠르고 편하게 할 수 있기 때문이지요. 어떤 일을 할 때 무슨 도구를 쓰는지 알아볼까요?

2 경찰관은 수갑을 씁니다. 수갑은 범죄자의 양 손목을 채워 두는 도구예요. 수갑은 단단한 쇠로 만들어졌고, 열쇠로만 열 수 있기 때문에 범죄자가 함부로 풀고 도망갈 수 없지요.

3 어부는 그물을 씁니다. 그물은 날짐승이나 물고기를 잡을 때 쓰는 도구예요. 그물은 끈을 성글게 엮어 만들어요. 그물의 구멍으로 물은 빠져나가지만 물고기는 빠져나가지 못하고 갇히게 됩니다. 그래서 그물을 넓게 펼치면 물고기를 한 번에 많이 잡을 수 있지요.

4 의사는 청진기를 씁니다. 병원에 가면 의사 선생님이 목에 걸고 있는 것이 청진기예요. 청진기는 우리 몸속에서 나는 소리를 크게 들을 수 있도록 해 주는 도구이지요. 우리 몸의 건강 상태를 확인하는 데에 도움이 됩니다.

5 정원사는 물뿌리개를 씁니다. 물뿌리개는 물을 골고루 뿌릴 수 있도록 해 주는 도구이지요. 여러 개의 구멍으로 물이 퍼지기 때문에 식물에 골고루 물을 줄 수 있답니다.

◆ **범죄자:** 법을 어기고 잘못을 저지른 사람
◆ **날짐승:** 날아다니는 짐승을 통틀어 이르는 말
◆ **성글게:** 물건의 사이가 뜨게
◆ **정원사:** 정원의 꽃밭이나 나무를 가꾸는 일을 직업으로 하는 사람

01 이 글의 중심 낱말로 알맞은 것을 찾아 ○ 표시를 하세요.

| 일 | | 도 | 구 | | 경 | 찰 | 관 | | 물 | 뿌 | 리 | 개 |

02 다음 직업과 그 직업에 필요한 도구를 선으로 이으세요.

어부 •

의사 •

정원사 •

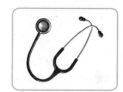

03 다음 도구의 쓰임새에 대한 설명이 맞으면 ○, 틀리면 ✕ 표시를 하세요.

1 수갑을 사용하면 범죄자가 도망가지 못하도록 할 수 있습니다. [○ / ✕]

2 청진기를 사용하면 우리 몸속에서 나는 소리를 크게 들을 수 있습니다. [○ / ✕]

3 물뿌리개를 사용하면 아주 먼 곳까지 한 번에 많은 물을 줄 수 있습니다. [○ / ✕]

04 다음은 이 글의 중심 내용이에요. 빈칸에 알맞은 낱말을 넣어 문장을 완성해 보세요.

| ㅈ | ㅇ | 에 따라 알맞은 | ㄷ | ㄱ |를 사용하면 일을 빠르고 편리하게 할 수 있다.

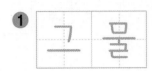

01 따라 쓰며 낱말의 뜻을 찾아 바르게 연결해 보세요.

① 그 물 •

② 도 구 •

③ 수 갑 •

④ 청 진 기 •

⑤ 물 뿌 리 개 •

ㄱ 일을 할 때 쓰는 연장을 통틀어 이르는 말

ㄴ 화초 등에 물을 주거나 뿌리는 데에 쓰는 기구

ㄷ 환자의 몸 안에서 나는 소리를 듣는 데 쓰는 의료 기구

ㄹ 끈이나 쇠줄 등으로 여러 코의 구멍이 나게 성글게 엮어 만든 물건

ㅁ 범죄자의 행동이 자유롭지 못하도록 양쪽 손목에 걸쳐서 채우는 기구

02 빈칸에 들어갈 알맞은 낱말을 보기 에서 찾아 쓰세요.

보기
날짐승   범죄자   정원사   청진기

① 경찰관이 □□□를 잡을 때에는 수갑을 쓴다.

② 타조 알은 다른 □□□의 알에 비해 훨씬 크다.

③ □□□는 꽃과 나무를 아끼는 마음을 지니고 있다.

03 다음 어휘 카드에 적힌 낱말의 뜻을 생각하며 물음에 답하세요.

(1) 제시된 낱말과 비슷한 낱말을 골라 ◯ 표시를 하세요.

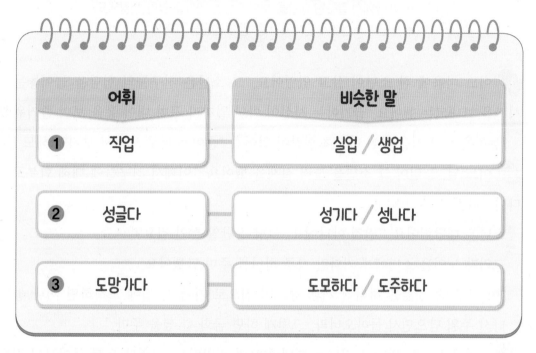

어휘	비슷한 말
❶ 직업	실업 / 생업
❷ 성글다	성기다 / 성나다
❸ 도망가다	도모하다 / 도주하다

(2) 제시된 낱말과 반대되는 낱말을 골라 ◯ 표시를 하세요.

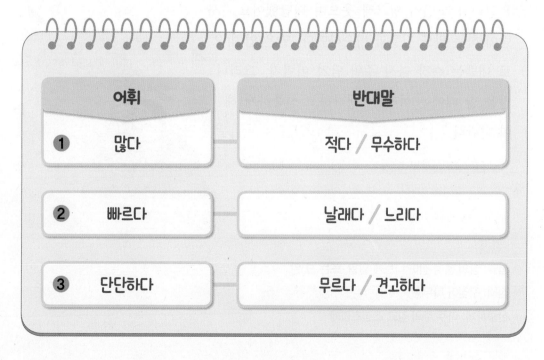

어휘	반대말
❶ 많다	적다 / 무수하다
❷ 빠르다	날래다 / 느리다
❸ 단단하다	무르다 / 견고하다

10 바람을 타고 날아가 버린 말

◆ 이 글에서 잘못된 행동을 보이고 있는 인물을 찾아 색칠해요.
◆ 노인이 소년에게 전하고자 한 말에 밑줄을 그어요.

1 어느 마을에 한 소년이 살고 있었어요. 그 소년은 친구들의 험담을 늘어놓는 것으로 시간을 보내고는 했어요. 급기야는 사실이 아닌 일까지 꾸며 내어 흉을 보며 즐거워했어요.

"동이는 잘난 척을 많이 하고 책임감이 없어.", "순이는 너무 느려서 보기만 해도 답답해."

2 어느 날, 노인이 그 소년을 불러 질책을 했어요. "어째서 친구들에 대해 함부로 말하고 다니느냐?"

소년은 대답했어요. "별것 아니에요. 그냥 장난일 뿐인 걸요?"

그러자 노인은 소년에게 커다란 자루 하나를 주며 말했어요.

"이 자루 속 깃털을 하나씩 꺼내 놓으며 집으로 가거라. 집에 도착하면 꺼내 놓은 것을 다시 주워 담으면서 돌아오너라. 그렇게 하면 금화 한 닢을 주마."

3 소년은 노인의 말대로 깃털을 꺼내 놓으며 걸었어요. 그런데 뒤를 돌아보니 깃털이 땅에 닿기도 전에 바람을 타고 날아가 버렸지 뭐예요?

"앗, 깃털이 어디로 간 거지?" 소년은 울상이 되어 텅 빈 자루를 들고 노인에게 돌아왔어요. "깃털이 여기저기로 다 날아가 버려 다시 담을 수가 없었어요."

4 그러자 노인이 빙그레 웃으며 대답했어요. "사람이 하는 말도 깃털과 비슷하단다. 말은 입 밖으로 내뱉는 순간 다시 주워 담기 어렵지. 그러니 말을 할 때에는 여러 번 생각하고 신중하게 해야 한단다."

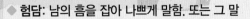

◆ **험담**: 남의 흠을 잡아 나쁘게 말함. 또는 그 말
◆ **질책**: 꾸짖어 나무람
◆ **신중하게**: 아주 주의 깊고 조심스럽게

01 이 글은 누구에 대한 이야기인지 해당하는 인물을 찾아 ○ 표시를 하세요.

| 동 | 이 | | 소 | 녀 | | 소 | 년 | | 순 | 이 |

02 노인이 소년을 질책한 이유로 알맞은 것은 무엇인가요? [✎   ]

① 소년이 친구들에 대해 함부로 말해서
② 소년이 깃털을 다시 주워 오지 못해서
③ 소년이 친구들에게 잘난 척을 많이 해서

03 소년이 울상이 된 이유를 바르게 말한 사람이 누구인지 쓰세요. [✎   ]

> 친구들이 소년과 놀아 주지 않았기 때문이야.
>
> 현진

> 노인이 소년에게 약속한 금화를 주지 않았기 때문이야.
>
> 정우

> 깃털이 여기저기로 날아가 다시 주워 담을 수 없었기 때문이야.
>
> 해준

04 다음은 이 글의 중심 내용이에요. 빈칸에 알맞은 낱말을 넣어 문장을 완성해 보세요.

> ┌─┐
> │ㅁ│ 은 한번 내뱉으면 다시 주워 담을 수 없으므로, 여러 번 생각하고 ┌ㅅ┐┌ㅈ┐하
> └─┘   └─┘└─┘
> 게 말해야 한다.

49

01 따라 쓰며 낱말의 뜻을 찾아 바르게 연결해 보세요.

❶ 깃 털 •

❷ 금 화 •

❸ 울 상 •

❹ 빙 그 레 •

❺ 책 임 감 •

• ㄱ 금으로 만든 돈

• ㄴ 울려고 하는 얼굴 표정

• ㄷ 새의 몸을 덮고 있는 털

• ㄹ 입을 약간 벌리고 소리 없이 부드럽게 웃는 모양

• ㅁ 맡아서 해야 할 임무나 의무 를 중히 여기는 마음

02 보기에서 알맞은 낱말을 골라 다음 문장을 바르게 완성하세요.

보기

신중(하다)　　　질책(하다)　　　칭찬(하다)　　　험담(하다)

❶ 노인은 소년의 잘못에 대해 □□ 했다.

❷ 말을 할 때에는 충분히 생각하고 □□ 하게 해야 한다.

❸ 본인이 없는 자리에서 그 사람을 □□ 하는 것은 좋지 않은 행동이다.

03 다음 어휘 카드에 적힌 뜻을 읽고, 그 뜻에 알맞은 낱말을 골라 ✓표시를 하세요.

❶ 꾸짖어 나무람

☐ 질문　　☐ 질책

❷ 남의 흠을 잡아 나쁘게 말함

☐ 미담　　☐ 험담

❸ 맡아서 해야 할 임무나 의무를 중히 여기는 마음

☐ 자신감　　☐ 책임감

❹ 마음에 내키지 아니하거나 못마땅한 어조로 불쑥 말하다.

☐ 내밀다　　☐ 내뱉다

❺ 속에 물건을 담을 수 있도록 헝겊 따위로 길고 크게 만든 주머니

☐ 자락　　☐ 자루

03 물이 어디로 갔을까

> 66
> 물을 따른 종이컵을
> 뒤집었는데도 물이
> 쏟아지지 않은
> 이유가 무엇일지
> 생각하며 읽어요.
> 99

수리수리 마수리 얍! 마술을 본 적이 있나요? 지금부터 종이컵 속의 물이 사라지는 신기한 마술을 함께 살펴보아요.

안녕하세요. 저는 마술사 하민준입니다. 오늘 제가 보여 드릴 마술은 바로 아쿠아 슬러시 마술입니다. '아쿠아(aqua)'가 '물'이라는 뜻이니, 물과 관련이 있겠지요? 그럼 마술을 시작해 볼까요?

자, 종이컵에 물을 따르고 주문을 외웁니다. '컵 속의 물아, 사라져라. 수리수리 마수리 얍!' 과연 종이컵에 따른 물은 어떻게 되었을까요?

이럴 수가! 종이컵을 머리 위에서 뒤집었는데도 물이 쏟아지지 않아요. 컵 속의 물이 어디론가 사라졌어요! 오늘도 마술 성공!

아쿠아 슬러시 마술의 원리

이 마술의 이름은 '아쿠아 슬러시'예요. 물이 사라지는 이유는 바로 '슬러시 파우더' 때문입니다. 이 가루는 물을 빨아들이는 힘이 아주 강해요. 그래서 종이컵에 이 가루를 조금 뿌리고 물을 부으면 물은 컵 속에서 젤처럼 굳지요. 젤이 종이컵 바닥에 딱 붙어 있으니 머리 위에서 컵을 뒤집어도 물이 쏟아지지 않는 거죠. 마치 물이 사라진 것처럼요.

01 민준이는 이 마술에 새로운 이름을 붙이려고 해요. 민준이의 생각과 맞는 마술의 이름은 무엇일까요? ✏️

① 아쿠아 매직
② 사라지는 물
③ 신기한 종이컵 마술

물과 관련된 마술이라는 것을 확실히 표현해야지.

우리나라 관객들이 이해하기 쉽도록 영어보다는 우리말로 된 이름을 지어야겠어.

02 이 미술을 할 때, 종이컵에 슬러시 파우더를 뿌리는 이유가 무엇일지 생각해 보고, 빈칸에 똑같이 들어갈 말을 쓰세요.

• 슬러시 파우더는 ☐ 을 빨아들이는 힘이 아주 강하기 때문입니다.

• 종이컵에 뿌려 놓으면, ☐ 이 젤처럼 굳어서 쏟아지지 않기 때문입니다.

03 민준이가 물을 부은 종이컵 안의 모양으로 알맞은 것에 ✔ 표시를 하세요.

☐
물이 젤처럼 굳음

☐
마술사가 물을 다 마심

☐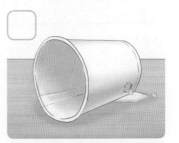
물이 컵에 난 구멍으로 빠져나감

안전

04 투명 우산을 써요

"
비 오는 날에는
어떤 우산을 쓰고,
어떤 옷을 입어야 안전할지
생각하며 읽어요.
"

비 오는 날에는 어떤 우산을 쓰고, 어떤 옷을 입어야 안전할까요? 비 오는 날, 우리를 지켜 주는 특별한 우산! 지금부터 알아보도록 해요.

이슬비 내리는 이른 아침에 우산 셋이 나란히 걸어갑니다.
파란 우산 깜장 우산 찢어진 우산~

- 윤석중 작사, 「우산」

여러분은 어떤 색의 우산을 쓰나요? 파란 우산? 깜장 우산? 비 오는 날에는 비에 가려서 운전자와 보행자의 시야가 좁아진대요. 그럼 비 오는 날, 어떤 우산을 써야 안전할까요?

잘 안 보이네!

어린이는 어른에 비해 키가 작아서 시선의 높이가 낮습니다. 그래서 불투명 우산을 쓰면 앞이 잘 보이지 않아서 더 위험하지요.

투명 우산을 쓰면 시야가 넓어져 사고의 위험을 줄일 수 있지요.

하나 더! 밝은 색 비옷을 입으면 사람들의 눈에 잘 띄어 더 안전하답니다.

투명 우산과 밝은 색 비옷으로 교통사고를 예방해요!

01 비 오는 날 투명 우산을 써야 하는 이유로 알맞은 것은 무엇일까요?

① 불투명 우산보다 예뻐서
② 잘 찢어지지 않는 재료로 만들어져서
③ 시야가 넓어져 사고의 위험을 줄일 수 있어서

02 지우가 학교에 가려는데 비가 오네요. 지우가 안전하게 학교에 가기에 가장 좋은 우산을 골라 ✓ 표시를 하세요.

03 비 오는 날 가장 안전한 옷차림을 한 친구가 누구인지 쓰세요.

11 임금님 귀는 당나귀 귀

◆ 이 글은 누구와 누구에 대한 이야기인지 그 인물을 찾아 색칠해요.
◆ 모자 만드는 사람이 외친 임금님의 비밀에 밑줄을 그어요.

① 옛날 옛날에 남들보다 몇 배나 높은 모자를 쓰는 임금님이 있었어요. 임금님은 밥을 먹을 때도 잠을 잘 때도 절대 모자를 벗는 법이 없었지요. 사실 임금님에게는 누구에게도 말하지 못한 비밀이 있었어요. 언젠가부터 귀가 점점 자라나더니 당나귀 귀같이 커져 버린 거예요. 임금님은 너무 창피해서 큰 귀를 감추고 싶었지요. 그래서 귀를 감출 수 있는 높은 모자를 쓰게 된 거예요.

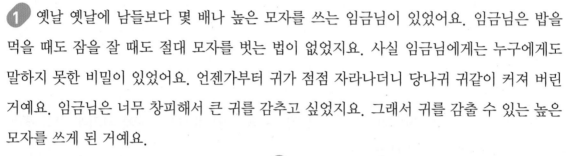

② 임금님이 모자를 벗은 모습을 본 사람은 아무도 없었어요. 딱 한 명, 모자 만드는 사람 빼고는요. 모자가 낡으면 머리의 크기를 재고 모자를 새로 만들어야 했기 때문에 모자 만드는 사람에게는 임금님의 귀를 보여 줄 수밖에 없었어요. 임금님은 모자 만드는 사람을 만날 때마다 이렇게 말했어요. "내 비밀을 누구에게도 말하면 안 된다. 이 비밀이 새어 나가면 너에게 큰 벌을 내릴 것이다."

③ 모자 만드는 사람은 임금님의 비밀을 말하고 싶어서 몸살이 날 지경이었어요. 그러다 결국은 병이 났지요. 모자 만드는 사람은 거의 죽을 때에 이르러서야 대나무 숲으로 들어가 있는 힘껏 소리쳤어요. "우리 임금님 귀는 당나귀 귀! 임금님 귀는 당나귀 귀!" 이렇게 외치고 나자 모자 만드는 사람은 속이 다 후련해져서 마음 편히 세상을 떠났어요.

④ 그런데 그 뒤부터 바람이 불 때마다 대나무 숲에서 "우리 임금님 귀는 당나귀 귀!"라는 목소리가 들려왔대요. 비밀을 속 시원히 말하고 싶었던 모자 만드는 사람의 간절한 마음이 남아서가 아닐까요?

◆ **지경**: ' 경우'나 '형편', '정도'의 뜻을 나타내는 말
◆ **후련해져서**: 답답하거나 갑갑한 것이 풀려 마음이 시원해져서

글을 이해해요

정답과 해설 26쪽

01 이 글은 누구와 누구에 대한 이야기인지 해당하는 인물을 찾아 ○ 표시를 하세요.

> 임금님과 신하   임금님과 당나귀   임금님과 모자 만드는 사람

02 다음 빈칸에 들어갈 알맞은 말을 쓰세요.

1 임금님은 남들보다 몇 배나 높은 ☐ ☐ 를 쓰고 있었다.
　 　 　 　 　 　 　 　 　 　 　 　 (ㅁ ㅈ)

2 임금님의 비밀은 귀가 ☐ ☐ ☐ 귀같이 커져 버린 것이다.
　 　 　 　 　 　 　 　 　 　 (ㄷ ㄴ ㄱ)

3 모자 만드는 사람은 임금님의 비밀을 ☐ ☐ ☐ ☐ 에서 외쳤다.
　 　 　 　 　 　 　 　 　 　 　 　 　 (ㄷ ㄴ ㅁ ㅅ)

03 이 글에서 일이 일어난 순서대로 빈칸에 번호를 쓰세요.

> ☐ 대나무 숲에 바람이 불 때마다 "임금님 귀는 당나귀 귀!"라는 소리가 들려왔어요.

> ☐ 모자 만드는 사람이 대나무 숲에 가서 "우리 임금님 귀는 당나귀 귀!"라고 외쳤어요.

> ☐ 어느 날부터 임금님의 귀가 갑자기 커졌어요.

> ☐ 모자 만드는 사람은 임금님의 귀를 봤지만 비밀을 지켜야 했어요.

04 다음은 이 글의 중심 내용이에요. 빈칸에 알맞은 낱말을 넣어 문장을 완성해 보세요.

> 모자 만드는 사람이 대나무 숲에서 임금님의 ☐ ☐ 을 외친 후부터 바람이 불 때마다 "☐ ☐ ☐ 귀는 당나귀 귀!"라는 목소리가 들려왔다.
> (ㅂ ㅁ) (ㅇ ㄱ ㄴ)

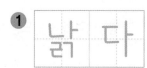

01 따라 쓰며 낱말의 뜻을 찾아 바르게 연결해 보세요.

① 낡 다 •

② 비 밀 •

③ 재 다 •

④ 당 나 귀 •

⑤ 외 치 다 •

• ㉠ 소리를 크게 지르다.

• ㉡ 남이 알아서는 안 되는 일의 내용

• ㉢ 물건이 오래되어 헐거나 해어져 있다.

• ㉣ 자, 저울, 시계 등의 도구로 길이, 무게, 시간 등을 헤아리다.

• ㉤ 말과 비슷한 가축으로, 말보다 몸이 작고 귀가 길며 갈기가 짧은 네발짐승

02 보기에서 알맞은 낱말을 골라 다음 문장을 바르게 완성하세요.

보기

| 비밀 | 지경 | 감추(다) | 외치(다) | 후련(하다) |

① 임금님은 자신의 큰 귀를 모자 안에 ☐☐려고 하였다.

② 모자 만드는 사람은 마지막에 ☐☐한 마음으로 세상을 떠났다.

③ 모자 만드는 사람의 병이 심해져 더 이상 손쓸 수 없는 ☐☐에 이르렀다.

03 갈림길에 낱말의 뜻이 적혀 있어요. 해당하는 낱말을 골라 민재에게 문구점으로 가는 길을 안내해 주세요.

안전띠를 안전하게 매요

◆ 이 글에서 설명하고 있는 대상이 무엇인지 해당하는 낱말을 찾아 색칠해요.
◆ 안전띠를 올바르게 매는 방법에 밑줄을 그어요.

1 안전띠를 왜 매야 할까요? 안전띠는 자동차나 비행기 등에서 충격으로부터 보호하기 위하여 사람의 몸을 좌석에 고정해 주는 역할을 합니다. 그래서 사고가 났을 때 머리가 딱딱한 곳에 부딪히거나 몸이 밖으로 튕겨 나가는 것을 막아 줍니다. 따라서 안전띠를 매면 사고가 나더라도 사망하거나 심각하게 다치는 것을 피할 수 있어요.

2 그러나 안전띠를 잘못 매면 안전띠가 제 역할을 하지 못해요. 안전띠는 사고가 일어났을 때 몸을 최대한 보호할 수 있도록 올바르게 착용해야 합니다. 자동차에 타서 안전띠를 맬 때에는 먼저 똑바로 앉고, 안전띠와 가슴 사이에 주먹 하나가 들어갈 정도로 띠를 당겨야 합니다. 이때 안전띠가 꼬이지 않았는지 확인해야 해요. 그리고 어깨띠는 어깨 가운데를 지나도록, 허리띠는 골반뼈를 가로지르도록 매야 합니다. 왜냐하면 사고가 났을 때 안전띠가 우리 몸을 누르는 힘은 몸무게의 20~50배나 되는데, 단단한 골반뼈만이 그렇게 큰 힘을 견딜 수 있기 때문입니다. 안전띠를 배 위에 적당히 걸쳐 매면 사고가 났을 때 내장을 크게 다칠 수 있어요.

◆ **좌석:** 앉을 수 있게 마련된 자리
◆ **고정해:** 무엇을 움직이지 못하도록 한곳에 붙이거나 박아 놓아
◆ **사망하거나:** 사람이 죽거나

글을 이해해요

정답과 해설 28쪽

01 이 글의 중심 낱말로 알맞은 것을 찾아 ○ 표시를 하세요.

| 차 | | 보 | 호 | | 안 | 전 | 띠 | | 교 | 통 | 사 | 고 |

02 안전띠를 매는 방법으로 알맞지 <u>않은</u> 것은 무엇인가요? [✏️   ]

① 안전띠가 꼬이지 않도록 맨다.

② 안전띠의 허리띠가 배를 가로지르도록 맨다.

③ 안전띠와 가슴 사이에 주먹 하나 정도가 들어가게 맨다.

03 다음 그림에서 안전띠를 올바르게 맨 사람에게 ✓ 표시를 하세요.

☐ 해인   ☐ 현진   ☐ 나윤

04 다음은 이 글의 중심 내용이에요. 빈칸에 알맞은 낱말을 넣어 문장을 완성해 보세요.

| ㅇ | ㅈ | ㄸ | 를 매면 사고가 나더라도 사망하거나 심각하게 다치는 것을 피할 수 있으므로 | ㅇ | ㅈ | ㄸ | 를 올바르게 매야 한다.

어휘를 익혀요

01 따라 쓰며 낱말의 뜻을 찾아 바르게 연결해 보세요.

1.  내 장 •
2.  사 고 •
3.  착 용 •
4.  견 디 다 •
5.  골 반 뼈 •

• ㄱ 뜻밖에 일어난 불행한 일

• ㄴ 어려움이나 괴로움을 참거나 이기다.

• ㄷ 엉덩이 부분에 양쪽으로 퍼져 있는 뼈

• ㄹ 사람이나 동물의 배와 가슴 속에 있는 여러 기관(위, 창자, 간 등)을 통틀어 이르는 말

• ㅁ 옷·신·장신구 등을 어떤 목적을 위해, 또는 정해진 규칙에 따라 입거나 쓰거나 신거나 몸에 지님

02 보기 에서 알맞은 낱말을 골라 다음 문장을 바르게 완성하세요.

보기
| 사고 | 좌석 | 고정(하다) | 사망(하다) |

1. 안전띠는 우리의 몸을 앉은 자리에 ☐☐ 해 준다.

2. 자동차에 타서 ☐☐ 에 앉으면 반드시 안전띠를 매야 한다.

3. 안전띠를 올바르게 매면 교통사고가 나더라도 ☐☐ 하거나 심각하게 다치는 것을 막아 준다.

03 다음 뜻에 해당하는 낱말을 찾아 가로, 세로, 대각선으로 표시해 보세요.

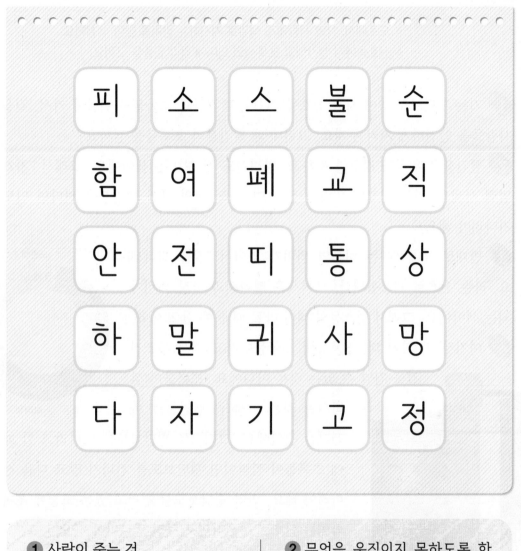

피	소	스	불	순
함	여	폐	교	직
안	전	띠	통	상
하	말	귀	사	망
다	자	기	고	정

❶ 사람이 죽는 것

.... □ □

❷ 무엇을 움직이지 못하도록 한 곳에 붙이거나 박아 놓음

.... □ □

❸ 차와 차가 부딪치거나, 차가 사람을 치거나 하여 일어나는 사고

.... □ □ □ □

❹ 자동차나 비행기 등에서 사고가 났을 때, 충격을 조금이라도 줄이기 위해 사람을 좌석에 고정시키는 띠

.... □ □ □

13 신호등을 알아봐요

◆ 도로에서, 차와 사람에게 색깔로 지시하는 장치를 찾아 색칠해요.
◆ 신호등에서 빨간색과 초록색의 의미에 각각 밑줄을 그어요.

1 저는 횡단보도 옆에 사는 신호등입니다. 빨간불과 초록불을 번갈아 켜서, 길을 건너는 사람들을 안전하게 지켜 주지요. 그런데 왜 빨간불과 초록불을 켤까요?

2 빨간색은 위험과 경고를 뜻하고, 멀리서도 잘 보이는 색이에요. 그래서 "차가 다니니 멈춰 서세요."라는 경고의 의미를 잘 보여 주죠. 만약 제가 빨간불을 켠다면 인도에 서서 기다려야 해요.

3 반대로 초록색에는 허용의 의미가 있어서 "길을 건너세요."라는 신호로 사용합니다. 초록색은 빨간색과 가장 대비가 되는 색이에요. 그래서 신호등의 색이 바뀔 때 눈에 잘 뜨이죠.

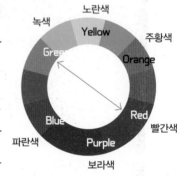

4 여기서 한 가지 더! 신호등이 초록불이라고 해서 무조건 길을 건널 수 있는 것은 아니에요. 초록불이 깜박이는 것은 이제 곧 빨간불로 바뀐다는 뜻이에요. 그러므로 횡단보도를 건너려고 할 때 신호등에 초록불이 깜박이면 횡단보도를 건너지 말고 다음 신호를 기다려야 해요. 만약 횡단보도를 건너고 있는 도중에 초록불이 깜박이는 신호로 바뀐다면 서둘러 건너가야 해요.

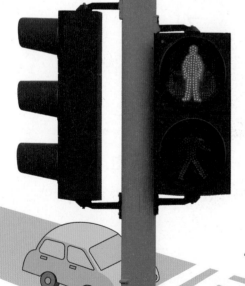

◆ **인도**: 사람이 다니는 길
◆ **허용**: 허락하여 받아들임
◆ **대비**: 어떤 시각적 효과를 얻기 위해 서로 다른 색이나 모양을 함께 배치하여 구성하는 일

01 이 글의 중심 낱말로 알맞은 것을 찾아 ○ 표시를 하세요.

| 안 | 전 | | 인 | 도 | | 신 | 호 | 등 | | 횡 | 단 | 보 | 도 |

02 이 글의 내용으로 알맞은 것은 무엇인가요? [✎   ]

① 초록색은 빨간색과 가장 대비되는 색이다.
② 초록불이 켜졌을 때에는 인도에서 기다린다.
③ 빨간불이 깜박일 때에는 다음 신호를 기다린다.

03 신호등의 빨간불과 초록불이 어떤 의미를 지니는지 선으로 이으세요.

 •

 •

• 경고 •

• 허용 •

• "길을 건너세요."

• "멈춰 서세요."

04 다음은 이 글의 중심 내용이에요. 빈칸에 알맞은 낱말을 넣어 문장을 완성해 보세요.

횡단보도에서 신호등의 [ㅃ | ㄱ | ㅂ]은 위험과 경고를 뜻하여 멈춰 서라는 신호이고, [ㅊ | ㄹ | ㅂ]은 허용의 의미로 길을 건너라는 신호이다.

01 따라 쓰며 낱말의 뜻을 찾아 바르게 연결해 보세요.

1 경고 •

• ㄱ 하나씩 또는 한 번씩 차례를 바꾸다.

2 신호등 •

• ㄴ 일을 급히 하려고 바쁘게 움직이거나 재촉하다.

3 번갈다 •

• ㄷ 잘못되었거나 위험한 일에 대해 하지 말라거나 조심하라고 알림

4 서두르다 •

• ㄹ 도로에 설치하여 차나 사람에게 정지 · 우회 · 진행 등을 지시하는 장치

5 횡단보도 •

• ㅁ 자동차가 다니는 큰 길을 사람이 안전하게 건너갈 수 있도록 도로의 바닥에 선을 그어 표시한 곳

02 빈칸에 들어갈 알맞은 낱말을 보기 에서 찾아 쓰세요.

보기

| 대비 | 위험 | 인도 | 허용 |

1 자동차는 차도로, 사람은 ☐☐로 다녀야 한다.

2 초록색과 빨간색은 서로 ☐☐가 되는 색깔이다.

3 신호등이 초록불일 때 사람이 길을 건너는 것이 ☐☐이 된다.

03 갈림길에 낱말의 뜻이 적혀 있어요. 해당하는 낱말을 골라 민재에게 집으로 가는 길을 안내해 주세요.

14 물이 없어도 괜찮아

◆ 어떤 식물에 대해 설명하고 있는지 그 식물의 이름을 찾아 색칠해요.
◆ 선인장이 물이 없어도 오랫동안 살아남을 수 있는 이유에 밑줄을 그어요.

① 식물이 살기 위해서는 흙과 햇빛, 그리고 물이 꼭 필요합니다. 대부분의 식물은 물이 없으면 금방 말라 죽어요. 그런데 오랫동안 물을 주지 않아도 잘 살 수 있는 식물이 있습니다. 바로 선인장입니다.

② 선인장은 참 신기하게 생겼습니다. 줄기가 마치 애벌레처럼 울룩불룩하고 아주 굵습니다. 그리고 잎 대신 뾰족한 가시가 많이 달렸습니다. 선인장은 주로 사막에서 자라는데, 이 신기한 생김새 덕분에 물이 부족한 사막에서도 잘 살 수 있는 것입니다.

③ 선인장은 줄기가 굵기 때문에 다른 식물보다 줄기에 훨씬 많은 물을 저장할 수 있습니다. 또한 잎이 가시로 변했기 때문에 다른 식물처럼 저장한 물이 잎을 통해 공기 중으로 날아가지 않지요. 그래서 선인장은 물이 없어도 오랫동안 살아남을 수 있는 것이랍니다.

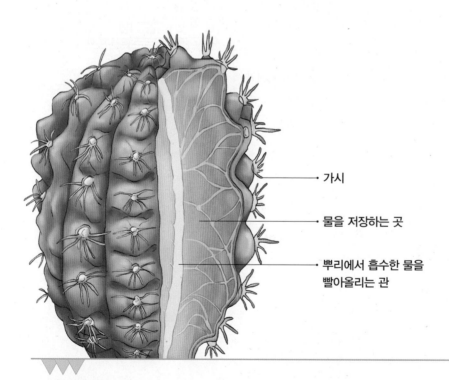

가시

물을 저장하는 곳

뿌리에서 흡수한 물을 빨아올리는 관

◆ **울룩불룩하고**: 물체의 겉 부분이 고르지 않게 매우 높고 낮고

◆ **사막**: 비가 아주 적게 오기 때문에 땅이 메말라 식물이 거의 자라지 않으며, 모래나 돌로 덮여 있는 넓은 땅

◆ **덕분**: 남이 베풀어 준 은혜나 도움

글을 이해해요

정답과 해설 32쪽

01 이 글의 중심 낱말로 알맞은 것을 찾아 ○ 표시를 하세요.

| 사 | 막 | | 식 | 물 | | 선 | 인 | 장 | | 애 | 벌 | 레 |

02 선인장의 특징으로 알맞은 것은 무엇인가요? [✎   ]

① 잎이 무성하게 달려 있다.
② 물을 오래 저장하지 못한다.
③ 뾰족한 가시가 많이 달려 있다.

03 빈칸에 들어갈 알맞은 말을 쓰고, 왼쪽 화분 위에 선인장의 모습을 그려 보세요.

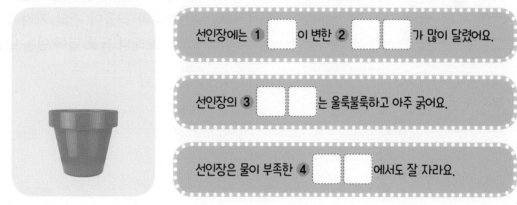

선인장에는 **1**☐ 이 변한 **2**☐☐ 가 많이 달렸어요.

선인장의 **3**☐☐ 는 울룩불룩하고 아주 굵어요.

선인장은 물이 부족한 **4**☐☐ 에서도 잘 자라요.

04 다음은 이 글의 중심 내용이에요. 빈칸에 알맞은 낱말을 넣어 문장을 완성해 보세요.

선인장은 줄기가 굵어 많은 물을 ㅈㅈ 할 수 있고, 잎이 ㄱㅅ 로 변하여

물이 잎을 통해 날아가지 않아서 ㅁ 이 없어도 오랫동안 살 수 있다.

어휘를 익혀요

01 따라 쓰며 낱말의 뜻을 찾아 바르게 연결해 보세요.

①  •

• **ㄱ** 거의 비슷하게

②  •

• **ㄴ** 물건을 어느 장소에 두어 보관

③  •

• **ㄷ** 아래로는 식물의 뿌리와 연결되고 위로는 잎과 연결되어 있는 식물체의 영양 기관

④  •

• **ㄹ** 식물의 줄기나 잎 또는 열매껍질과 일부 동물의 몸에 바늘처럼 뾰족하게 돋아 있는 것

⑤  •

• **ㅁ** 비가 아주 적게 오기 때문에 땅이 메말라 식물이 거의 자라지 않으며, 모래나 돌로 덮여 있는 넓은 땅

02 **보기**에서 알맞은 낱말을 골라 다음 문장을 바르게 완성하세요.

> **보기**
>
> 대신   덕분   사막   울룩불룩(하다)

① 형이 도와준 ⬚⬚ 에 숙제를 빨리 끝냈다.

② 비가 아주 적게 오는 ⬚⬚ 에서도 선인장은 살아남을 수 있다.

③ 선인장의 줄기 모양은 애벌레처럼 ⬚⬚⬚⬚ 하게 생겼다.

03 다음 뜻에 해당하는 낱말을 빈칸에 써서 끝말잇기를 해 보세요. 잘 모르겠다면 초성 힌트를 참고해 보세요.

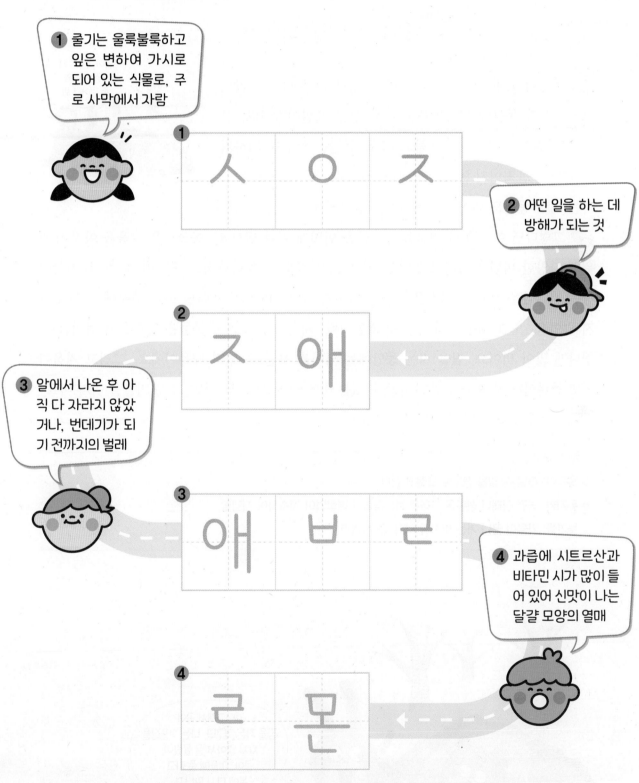

1 줄기는 울룩불룩하고 잎은 변하여 가시로 되어 있는 식물로, 주로 사막에서 자람

ㅅ ㅇ ㅈ

2 어떤 일을 하는 데 방해가 되는 것

ㅈ 애

3 알에서 나온 후 아직 다 자라지 않았거나, 번데기가 되기 전까지의 벌레

애 ㅂ ㄹ

4 과즙에 시트르산과 비타민 시가 많이 들어 있어 신맛이 나는 달걀 모양의 열매

ㄹ 몬

15 곰은 겨울에 잠을 잔대요

◆ 곰이 겨울을 이겨 내는 방법을 찾아 색칠해요.
◆ 동물들이 겨울잠을 자는 이유에 밑줄을 그어요.

1 겨울이 되면 너무 추워서 우리도 밖에 자주 나가지 않지요? 식물과 동물에게도 겨울은 매우 힘든 계절이랍니다. 한겨울의 추위에 식물은 얼어붙고, 작은 동물은 추위를 피하기 위해 많이 움직이지 않아요. 그래서 식물과 작은 동물을 먹고 사는 여러 동물도 먹이를 구하기가 힘들어져요.

2 그렇다면 이 혹독한 겨울을 동물들은 어떻게 이겨 낼까요? 동물들은 겨울을 이겨 내기 위해 다양한 비법을 가지고 있어요. 잠을 자는 것도 그중 하나지요. 곰, 뱀, 다람쥐, 거북이 등은 겨울잠을 자요. 겨울잠을 자면 움직이지 않아 에너지를 조금만 쓰기 때문에 배가 고프지 않아요. 또한 체온도 유지할 수 있답니다. 겨울잠을 자는 동물들은 늦가을에 먹이를 엄청나게 많이 먹어요. 잠을 자는 동안에는 먹이를 구할 수 없기 때문이에요. 그리고 겨울이 되면 동굴이나 땅속 등 추위를 피할 수 있는 곳에 들어가서 잠을 자며 추운 겨울을 이겨 내요.

◆ **혹독한:** 견딜 수 없을 정도로 모질고 심한
◆ **유지할:** 어떤 상태나 상황을 그대로 보존하거나 변함없이 계속하여 지탱할
◆ **늦가을:** 가을이 끝나 가는 마지막 시기. 곧, 11월경

01 이 글의 중심 낱말로 알맞은 것을 찾아 ○ 표시를 하세요.

겨 울   동 물   먹 이   겨 울 잠

02 다음 동물들 중에서 겨울잠을 자지 <u>않는</u> 동물을 찾아 이름을 쓰세요. [✐   ]

곰

뱀

거북이

다람쥐

토끼

03 동물이 겨울잠을 자는 이유를 모두 고르세요(2개). [✐   ]

① 체온을 유지하기 위해
② 에너지를 조금만 쓰기 위해
③ 아기 동물을 품어 주기 위해
④ 다른 동물의 공격을 피하기 위해

04 곰이 늦가을부터 겨울 동안에 한 행동으로 알맞은 것에 ✔ 표시를 하세요.

❶ 곰은 늦가을에

쫄쫄 굶는다. ☐

먹이를 많이 먹는다. ☐

❷ 곰은 겨울이 되면

오래 잠을 잔다. ☐

따뜻한 곳으로 이사한다. ☐

05 다음은 이 글의 중심 내용이에요. 빈칸에 알맞은 낱말을 넣어 문장을 완성해 보세요.

ㄱ ㅇ ㅈ 을 자며 ㅇ ㄴ ㅈ 를 조금만 쓰고 ㅊ ㅇ 을 유지하여 추운 겨울을 이겨 내는 동물들이 있다.

01 따라 쓰며 낱말의 뜻을 찾아 바르게 연결해 보세요.

❶ | 계 | 절 | •

❷ | 먹 | 이 | •

❸ | 비 | 법 | •

❹ | 에 | 너 | 지 | •

❺ | 한 | 겨 | 울 | •

• ㉠ 추위가 한창인 겨울

• ㉡ 잘 알려져 있지 않은 특별한 방법

• ㉢ 동물이 살아가기 위해 먹어야 할 거리

• ㉣ 한 해를 기후 현상의 차이에 따라 나눈 한 철

• ㉤ 사람이 활동하는 데 필요한 육체적·정신적 힘

02 보기에서 알맞은 낱말을 골라 다음 문장을 바르게 완성하세요.

보기

| 겨울잠 | 늦가을 | 유지(하다) | 혹독(하다) |

❶ 이렇게 ☐☐ 하게 추운 겨울은 처음이다.

❷ 곰이나 뱀은 ☐☐☐ 에 많은 양의 먹이를 먹는다.

❸ 규칙적인 생활과 적당한 운동을 해야 건강을 ☐☐ 할 수 있다.

03 다음 어휘 카드에 적힌 낱말의 뜻을 생각하며 물음에 답하세요.

(1) 제시된 낱말과 비슷한 낱말을 골라 ◯ 표시를 하세요.

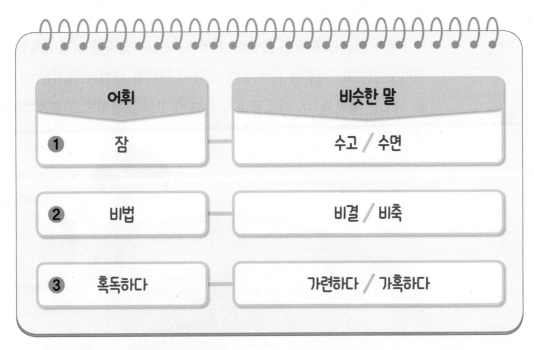

어휘	비슷한 말
❶ 잠	수고 / 수면
❷ 비법	비결 / 비축
❸ 혹독하다	가련하다 / 가혹하다

(2) 제시된 낱말과 반대되는 낱말을 골라 ◯ 표시를 하세요.

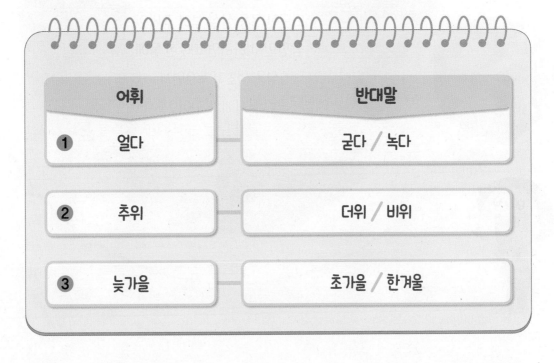

어휘	반대말
❶ 얼다	굳다 / 녹다
❷ 추위	더위 / 비위
❸ 늦가을	초가을 / 한겨울

생활 05 초콜릿 무지개가 떴습니다

> 초콜릿 무지개를 만드는
> 방법을 이해하며
> 글을 읽어요.

우리가 먹는 초콜릿은 달콤해서 먹는 재미도 있지만 알록달록한 색깔을 보는 재미도 있어요. 이렇게 음식에 여러 가지 색깔을 내기 위해서는 먹을 수 있는 식용 색소를 넣어요. 이 색소를 이용하면 맛있는 초콜릿으로 무지개를 만들 수 있답니다!

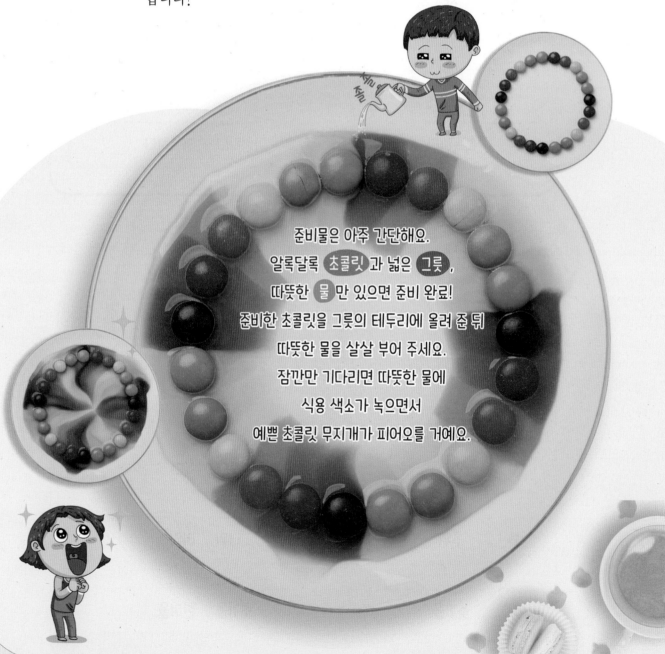

준비물은 아주 간단해요.
알록달록 초콜릿 과 넓은 그릇,
따뜻한 물 만 있으면 준비 완료!
준비한 초콜릿을 그릇의 테두리에 올려 준 뒤
따뜻한 물을 살살 부어 주세요.
잠깐만 기다리면 따뜻한 물에
식용 색소가 녹으면서
예쁜 초콜릿 무지개가 피어오를 거예요.

01 오른쪽 사진처럼 초콜릿의 색깔이 알록달록한 이유는 무엇일까요? ✏️

① 온도에 따라 초콜릿의 색이 변해서
② 초콜릿에 먹을 수 있는 색소를 넣어서
③ 알록달록한 과일로 초콜릿을 만들어서

02 초콜릿 무지개를 만들 때, 초콜릿의 색소를 녹이려면 어떤 물을 부어야 할까요? 다음 중 알맞은 것에 ✔️ 표시를 하세요.

차가운 얼음물   따뜻한 물

03 초콜릿에서 녹아 나온 색소는 서로 섞여서 다른 색으로 변하기도 해요. 빈칸에 들어갈 알맞은 색의 이름을 쓰세요.

✏️ _____ 초콜릿과

노란색 초콜릿을 넣고 물을 부었더니,

물의 색이 초록색으로 바뀌고 있네!

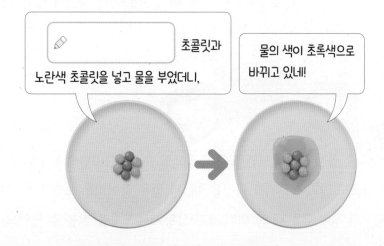

06 도와줘요, 전화번호

> 도움이 필요한 상황에
> 따라 어떤 전화번호를
> 눌러야 할지
> 기억하며 읽어요.

사람들에게 도움을 주는 기관은 짧은 전화번호를 씁니다. 도움이 필요한 사람이 전화번호를 쉽게 떠올리게 하기 위해서죠. 그럼 어떤 상황에 어떤 번호로 전화를 걸어야 하는지 알아볼까요?

으악! 큰일이다.

도둑이야! 112

112번으로 전화를 걸면 경찰관이 출동합니다. 그래서 범죄가 일어났을 때에만 112에 전화를 걸어야 해요. 도둑이 들었을 때, 큰 싸움이 났을 때, 범죄 현장을 보았을 때 등 경찰관의 도움이 필요할 때 112에 전화를 걸어요.

불이야! 119

불이 나거나 크게 다쳤을 때에는 119번으로 전화를 걸어요. 그럼 소방관이 우리를 도와주러 오지요. 불이 났을 때, 사람이 물에 빠졌을 때, 교통사고가 났을 때 등 재난이나 사고가 일어나면 119에 전화를 걸어요.

어떻게 하지?

도와줘요! 110

급하지는 않지만 도움이 필요할 때에는 110번으로 전화를 걸어요. 집에 수돗물이 나오지 않거나 전기가 끊겼을 때, 길 잃은 강아지를 보았을 때, 법에 대해 잘 몰라서 궁금한 점이 있을 때 등 여러 가지 상황에서 도움을 받을 수 있어요.

01 사람들에게 도움을 주는 기관의 전화번호가 짧은 이유가 무엇인지 쓰세요.

✎ _____

02 다음과 같은 상황에서 어느 번호로 전화를 걸어야 할지 선으로 이으세요.

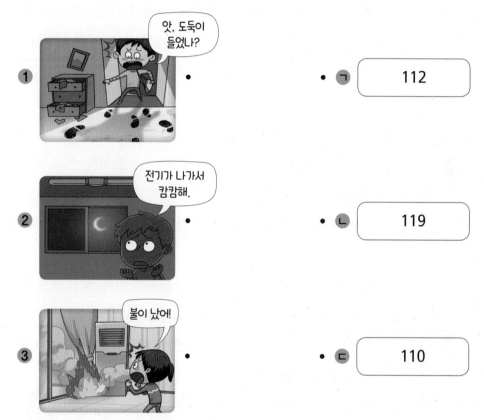

① 앗, 도둑이 들었나? •

② 전기가 나가서 캄캄해. •

③ 불이 났어! •

• ㄱ 112

• ㄴ 119

• ㄷ 110

03 내가 꼭 기억해야 하는 전화번호를 적으세요.

누구/어디의 번호인가요?	번호는 무엇인가요?
✎ 아빠	☎ 010-1234-5678
✎	☎
✎	☎

01 도움이 필요한 사람이 전화번호를 쉽게 떠올리게 하기 위해서 **02** ① ㄱ ② ㄷ ③ ㄴ **03** 도움말 가족, 친구, 선생님의 전화번호 등 평소에 꼭 기억해 둬야 하는 전화번호는 무엇인지 생각해 보세요.

79

16 길에서 개를 만나면

◆ 이 글은 무엇에 대한 주의점을 알려 주고 있는지 그 대상을 찾아 색칠해요.
◆ 개에게 물리는 사고를 예방하기 위해 주의할 점 세 가지에 밑줄을 그어요.

1 **진행자:** 오늘은 개에게 물리는 사고를 예방하기 위해 수의사 선생님을 모시고 이야기를 나누겠습니다. 안녕하세요, 선생님. 많은 어린이들이 개를 좋은 친구라고 생각하는데요. 개를 만났을 때 조심해야 할 점이 있다고요?

수의사: 맞습니다. 몇몇 어린이들은 처음 본 개에게 다가가 개를 만지며 친근감을 표시하는데, 이는 매우 위험한 행동입니다. 개는 낯선 사람을 만나면 갑자기 물 수 있으므로, 모르는 개에게는 되도록 다가가지 않는 것이 좋습니다. 특히 개가 음식을 먹고 있거나 새끼와 같이 있을 때에는 예민하므로 더 조심해야 합니다.

2 **진행자:** 그렇군요. 그렇다면 길에서 혼자 있을 때 사나운 개와 마주치면 어떻게 해야 할까요?

수의사: 공격적인 태도를 보이는 개를 만난 경우, 개와 눈을 마주치지 말고 조용히 뒷걸음질해서 안전한 길로 돌아가야 합니다. 무섭다고 크게 소리를 지르거나 급히 달아나면 절대 안 됩니다. 이런 행동은 오히려 개의 공격성을 자극할 수 있어요. 겁을 먹어 주저앉으면 개가 공격할 확률은 더욱 높아져요.

3 **진행자:** 개를 기르는 주인의 입장에서도 주의할 점이 있겠죠?

수의사: 물론입니다. 개와 외출할 때에는 개에게 목줄과 입마개 등을 채워 개가 사람을 물지 않도록 해야 합니다.

4 **진행자:** 오늘 알려 주신 내용 덕분에 어린이들이 더욱 안전하게 생활할 수 있을 것입니다. 좋은 말씀 들려주셔서 감사합니다.

◆ **친근감:** 어떤 사람이나 대상과 사이가 아주 가까운 느낌
◆ **예민하므로:** 어떤 자극에 대한 반응이 빠르고 날카로우므로
◆ **확률:** 어떤 일이 일어날 수 있는 가능성의 정도

01 이 글의 중심 낱말로 알맞은 것을 찾아 ○ 표시를 하세요.

| 개 | 수 의 사 | 어 린 이 | 진 행 자 |

02 선생님의 질문에 알맞게 대답한 사람은 누구일까요? [✐　　]

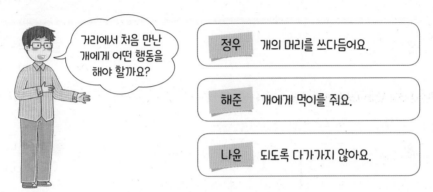

거리에서 처음 만난 개에게 어떤 행동을 해야 할까요?

정우 　개의 머리를 쓰다듬어요.

해준 　개에게 먹이를 줘요.

나윤 　되도록 다가가지 않아요.

03 공격적인 태도를 보이는 개를 만났을 때에는 어떻게 행동해야 할까요? 다음 중 알맞은 행동을 골라 그 기호를 쓰세요. [✐　　]

ㄱ 소리를 크게 지르며 달아난다.

ㄴ 뒷걸음질해서 자리를 벗어난다.

ㄷ 주저앉아서 운다.

04 다음은 이 글의 중심 내용이에요. 빈칸에 알맞은 낱말을 넣어 문장을 완성해 보세요.

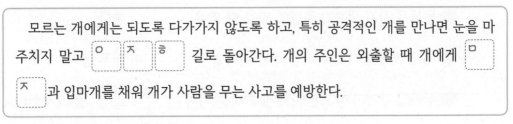

모르는 개에게는 되도록 다가가지 않도록 하고, 특히 공격적인 개를 만나면 눈을 마주치지 말고 ⌞ㅇ⌟⌞ㅈ⌟⌞ㅎ⌟ 길로 돌아간다. 개의 주인은 외출할 때 개에게 ⌞ㅁ⌟⌞ㅈ⌟과 입마개를 채워 개가 사람을 무는 사고를 예방한다.

01 따라 쓰며 낱말의 뜻을 찾아 바르게 연결해 보세요.

1 예 방 ·

· **ㄱ** 마음에 새겨 두고 조심함

2 주 의 ·

· **ㄴ** 서 있던 자리에 그대로 힘없이 앉다.

3 공 격 성 ·

· **ㄷ** 가축에 생기는 여러 가지 질병을 치료하는 의사

4 수 의 사 ·

· **ㄹ** 병이나 사고 등이 일어나지 않도록 미리 막는 일

5 주 저 앉 다 ·

· **ㅁ** 상대편에게 적대적 행동을 취하고 공격을 하며 파괴적 행동을 하는 성질

02 보기 에서 알맞은 낱말을 골라 다음 문장을 바르게 완성하세요.

보기

예방   확률   친근감   예민(하다)

1 동물은 자기 새끼가 주변에 있을 때 매우 ☐☐ 하다.

2 개 앞에서 급히 달아나면 개가 따라올 ☐☐ 이 매우 높다.

3 우리집 강아지 망고는 나에게 꼬리를 치며 ☐☐☐ 을 표시한다.

03 다음 어휘 카드에 적힌 뜻을 읽고, 그 뜻에 알맞은 낱말을 골라 ✔표시를 하세요.

① 남이 베풀어 준 은혜나 도움

- ☐ 덕망
- ☐ 덕분

② 윗사람을 어느 곳으로 안내하다.

- ☐ 데리다
- ☐ 모시다

③ 무섭거나 두려워하는 마음을 가지다.

- ☐ 겁먹다
- ☐ 겉돌다

④ 잘못이나 실수가 없도록 말이나 행동에 마음을 씀

- ☐ 조성
- ☐ 조심

⑤ 사람이나 물건이 전에 본 적이 없어 눈에 익지 않다.

- ☐ 낯설다
- ☐ 낯익다

17 진흙 속으로 풍덩

◆ 이 신문 기사에서 알리고 있는 것이 무엇인지 그 대상을 찾아 색칠해요.
◆ 축제가 열리는 날짜와 장소에 밑줄을 그어요.

보령 머드 축제에 풍덩 빠져 보세요

1 올해 7월 19일부터 28일까지 충청남도 보령에 있는 대천 해수욕장에서 머드 축제가 열린다. '머드'는 진흙을 의미한다. 해마다 여름이 되면 보령 머드 축제에서 바다 진흙으로 다양한 경험을 할 수 있다.

2 보령 머드 축제에는 어린이부터 어른까지 모든 사람이 즐길 수 있는 다양한 시설과 프로그램이 가득하다. 대형 머드탕에서 꼬리잡기 놀이나 축구 같은 게임을 할 수 있으며, 어린이들은 공기를 채워 만든 대형 미끄럼틀에서 안전하게 놀 수 있다. 색색의 머드를 얼굴에 바르는 페이스 페인팅이나 머드 마사지를 체험할 수도 있다. 또한 저녁에는 가수들의 공연도 볼 수 있다.

3 보령 머드 축제에 대한 자세한 내용과 행사 일정이 궁금하다면, '보령 축제 관광 재단'의 홈페이지에서 정보를 얻을 수 있다.

◆ **축제**: 단체나 지역에서 어떤 일을 축하하여 벌이는 큰 규모의 행사
◆ **페이스 페인팅**: 사람의 얼굴에 그림물감을 칠하여 독특한 그림이나 무늬를 그리는 일
◆ **일정**: 일정한 기간 동안 해야 할 일의 계획을 날짜별로 짜 놓은 것

01 이 글의 중심 낱말로 알맞은 것을 찾아 ◯ 표시를 하세요.

| 대천 해수욕장 | 보령 머드 축제 | 페이스 페인팅 |

02 이 기사를 쓴 목적으로 알맞은 것은 무엇인가요? [✎]

① 축제에 같이 가자고 설득하려고
② 축제에 관한 정보를 알려 주려고
③ 축제에 다녀온 경험을 전달하려고

03 이 기사를 읽고 알 수 있는 내용은 무엇인가요? [✎]

① 축제가 열리는 날짜
② 공연에 나오는 가수
③ 축제 입장권을 구매하는 방법

04 보령 머드 축제와 관계없는 경험을 이야기한 사람에 ✔ 표시를 하세요.

05 다음은 이 글의 중심 내용이에요. 빈칸에 알맞은 낱말을 넣어 문장을 완성해 보세요.

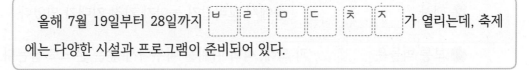

올해 7월 19일부터 28일까지 ⌷ㅂ⌷ㄹ⌷ㅁ⌷ㄷ⌷ㅊ⌷ㅈ⌷ 가 열리는데, 축제
에는 다양한 시설과 프로그램이 준비되어 있다.

85

어휘를 익혀요

01 따라 쓰며 낱말의 뜻을 찾아 바르게 연결해 보세요.

①  · · ㄱ 여러 가지 색깔

②  · · ㄴ '진흙'을 의미함

③  · · ㄷ 어떤 일을 실제 몸으로 겪음

④  · · ㄹ 베풀어 차려 놓은 어떤 장치나 설비

⑤ 체험 · · ㅁ 무대를 갖춘 곳에서 미리 계획되고 준비된 연극·노래·연주·무용 등을 사람들에게 해 보임

02 빈칸에 들어갈 알맞은 낱말을 보기 에서 찾아 쓰세요.

> **보기**
> 일정　　　진흙　　　축제　　　프로그램　　　해수욕장

① 충청남도 보령에서 머드 □□ 가 열렸다.

② 행사 □□□ 중에서 꼬리잡기 놀이가 가장 기대가 되었다.

③ 보통 벽돌은 □□ 과 모래, 석회 따위를 버무려서 높은 온도로 굽는다.

03 다음 뜻에 해당하는 낱말을 찾아 가로, 세로, 대각선으로 표시해 보세요.

꼬	가	스	올	해
부	리	폐	쾌	걸
독	방	잡	배	행
소	축	귀	기	사
마	제	지	피	물

❶ 지금 지나가고 있는 이해

❷ 축하하여 벌이는 큰 규모의 행사

❸ 신문이나 잡지 따위에서, 어떠한 사실을 알리는 글

❹ 어린이 민속놀이의 하나. 두 편으로 나누어 앞사람의 허리를 잡고 일렬로 늘어서서 맨 앞사람이 상대편의 맨 뒷사람을 붙잡는 놀이

독감은 감기가 아니라고

◆ 어떤 질병에 대해 설명하고 있는지 해당하는 낱말 두 개를 찾아 색칠해요.
◆ 독감과 감기에 걸리는 원인에 각각 밑줄을 그어요.

❶ 독감과 감기는 왜 다르게 부를까요? 독감은 독한 감기라고 생각하는 경우가 있는데, 독감과 감기는 다른 병이에요. 그래서 다르게 부르는 것이지요. 이 둘은 '인플루엔자 바이러스' 때문에 걸리는지, 그렇지 않은지로 구별할 수 있어요. 인플루엔자 바이러스 때문에 걸리는 게 독감이에요. 독감은 감기보다 심하게 아프고, 널리 퍼지니까 주의해야 해요. 감기를 일으키는 바이러스는 굉장히 다양한데, 대표적인 것은 리노바이러스와 코로나바이러스예요. 감기는 바이러스가 다양한 만큼 독감에 비해 걸리기 쉬워요.

❷ 독감의 증상은 사람마다 다르지만 열이 39도 이상까지 올라가고 오슬오슬 추운 것처럼 몸이 떨리기도 해요. 머리랑 몸도 아프고 기침도 심하게 하지요. 이렇게 아프지 않기 위해서는 어떻게 해야 할까요? 예방 주사를 맞으면 독감에 안 걸릴 수 있어요. 우리나라에서는 겨울부터 초봄까지 독감이 유행해요. 그래서 그 전인 10월까지 예방 주사를 맞아야 효과가 있어요. 또 매년 다시 맞아야 해요. 하지만 감기는 원인이 너무 다양해서 예방 주사가 없답니다.

◆ **바이러스:** 사람이나 동식물의 몸에 병을 일으키며, 세균보다 훨씬 작아 전자 현미경으로만 볼 수 있는 미생물
◆ **구별할:** 성질이나 종류에 따라 갈라놓을
◆ **널리:** 범위가 넓게

01 이 글의 중심 낱말로 알맞은 것을 찾아 ○ 표시를 하세요(2개).

감기   기침   독감   유행   주사

02 독감에 걸렸을 때 나타나는 증상이 <u>아닌</u> 것은 무엇인가요?   [✐   ]

① 기침이 심하게 난다.
② 머리와 몸이 아프다.
③ 손가락이 딱딱하게 굳는다.

03 다음 설명이 '감기'에 대한 것이면 '감기', '독감'에 대한 것이면 '독감'이라고 쓰세요.

❶ 리노바이러스 때문에 걸린다.

❷ 인플루엔자 바이러스 때문에 걸린다.

❸ 둘 중에서 더 심하게 아프고 더 널리 퍼진다.

04 독감 예방 주사를 바르게 맞은 사람이 누구인지 쓰세요.   [✐   ]

05 다음은 이 글의 중심 내용이에요. 빈칸에 알맞은 낱말을 넣어 문장을 완성해 보세요.

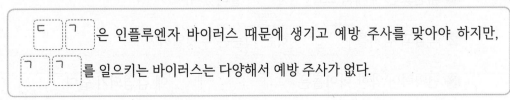

ㄷㄱ 은 인플루엔자 바이러스 때문에 생기고 예방 주사를 맞아야 하지만,

ㄱㄱ 를 일으키는 바이러스는 다양해서 예방 주사가 없다.

어휘를 익혀요

01 따라 쓰며 낱말의 뜻을 찾아 바르게 연결해 보세요.

①  ·

· ㄱ 해마다

②  ·

· ㄴ 전염병이 널리 퍼짐

③  ·

· ㄷ 어떤 특별한 형편이나 사정

④  ·

· ㄹ 어떻게 아픈지, 얼마나 아픈지 등의 상태

⑤  ·

· ㅁ 수량이나 정도가 일정한 기준보다 더 많거나 나음

02 보기 에서 알맞은 낱말을 골라 다음 문장을 바르게 완성하세요.

보기
| 널리 | 구별(하다) | 바이러스 | 오슬오슬 |

① 태권도는 세계적으로 [ ][ ] 알려졌다.

② 독감과 감기를 [ ][ ] 하는 기준은 무엇일까?

③ 면역력이 약한 아이들은 [ ][ ][ ][ ]에 감염되기 쉽다.

03 갈림길에 낱말의 뜻이 적혀 있어요. 해당하는 낱말을 골라 민재에게 채소 가게로 가는 길을 안내해 주세요.

포도밭에 숨긴 보물

◆ 누가 누구에게 유언을 남겼는지 해당하는 인물을 찾아 색칠해요.
◆ 큰형이 깨닫게 된 아버지의 가르침에 밑줄을 그어요.

1 옛날에 부지런한 농부가 살았어요. 농부에게는 게으른 세 아들이 있었는데, 매일 놀기만 해서 늘 걱정거리였지요. 농부는 숨을 거두기 전에 세 아들을 불러 말했어요. "얘들아, 내가 죽거든 포도밭을 파 보아라. 밭에 묻어 둔 보물을 찾으면 너희가 평생 먹고살 수 있을 게다." 그 말을 남긴 후 농부는 세상을 떠나고 말았어요.

2 아버지의 장례식이 끝나자 세 아들은 보물을 찾기 위해 매일매일 포도밭을 열심히 갈아엎었어요. 포도밭의 어느 한 구석도 세 아들의 손이 가지 않은 곳이 없게 되었지요. 하지만 보물은 나오지 않았어요. 세 아들은 화가 났어요. "아버지께서 거짓말을 하신 거야!"

3 시간이 흘러 한여름이 되고 세 아들은 우연히 그 포도밭을 지나가게 되었어요. 그런데 포도밭에는 그 어느 때보다도 탐스러운 포도가 열려 있지 뭐예요. 포도를 따서 맛을 보니 아주 달고 맛있었어요. 맛있는 포도가 열린 이유를 곰곰이 생각하던 세 아들은 자신들이 지난 몇 달간 포도밭을 열심히 갈아엎어서 밭이 기름지게 되었기 때문임을 알게 되었어요. 큰형이 말했어요. "드디어 보물을 찾았어!"

"형, 보물이라니?" 막냇동생이 물었어요.

"아버지께서는 우리에게 부지런히 밭을 일구며 살라는 가르침을 주신 거야. 그게 바로 보물이야." 세 아들은 아버지가 남겨 준 보물을 비로소 깨닫고 아버지께 고마운 마음이 들었어요. 그 후로 세 아들은 부지런히 농사를 지으며 살았다고 해요.

◆ **갈아엎었어요:** 땅을 갈아서 흙을 뒤집어엎었어요.
◆ **곰곰이:** 여러모로 깊이 생각하는 모양

01 이 글은 누구와 누구에 대한 이야기인지 해당하는 인물을 찾아 ○ 표시를 하세요.

농부와 세 아들   어머니와 아버지   큰형과 막냇동생

02 농부의 세 아들이 열심히 포도밭을 갈아엎은 이유는 무엇인가요? [✎   ]

① 보물을 찾으려고
② 포도밭을 가꾸려고
③ 아버지의 관을 묻으려고

03 다음 중 세 아들이 포도밭을 구석구석 갈아엎은 결과로 알맞은 것에 ✓ 표시를 하세요.

04 다음은 이 글의 중심 내용이에요. 빈칸에 알맞은 낱말을 넣어 문장을 완성해 보세요.

농부가 세 아들에게 포도밭에 ⬜ ⬜ (ㅂ ㅁ)을 묻어 두었다고 한 이유는 세 아들이 부지런히 밭을 일구며 ⬜ ⬜ ⬜ (ㅇ ㅅ ㅎ) 살기를 바랐기 때문이다.

01 따라 쓰며 낱말의 뜻을 찾아 바르게 연결해 보세요.

1 가 르 침 •

• ㄱ 어떤 일이 있고 나서 야 처음으로

2 비 로 소 •

• ㄴ 논밭을 만들기 위하여 땅을 파서 일으키다.

3 일 구 다 •

• ㄷ 죽은 사람을 땅에 묻 거나 화장하는 일을 치르는 의식

4 장 례 식 •

• ㄹ 지식이나 사상, 옳고 그름 등을 깨닫도록 알려 주는 일

5 탐 스 럽 다 •

• ㅁ 가지거나 차지하고 싶은 마음이 들 정도 로 보기가 좋고 끌리 는 데가 있다.

02 보기에서 알맞은 낱말을 골라 다음 문장을 바르게 완성하세요.

보기
말	숨	곰곰이	갈아엎(다)

1 그는 사고로 ☐ 을 거두고 말았다.

2 세 아들은 보물을 찾기 위해 부지런히 땅을 ☐☐☐ 었다.

3 세 아들은 아버지의 가르침에 대해 ☐☐☐ 생각해 보았다.

03 다음 뜻에 해당하는 낱말을 찾아 가로, 세로, 대각선으로 표시해 보세요.

보	소	스	불	순
물	여	폐	한	비
영	족	리	여	음
미	게	으	름	식
다	걱	정	거	리

① 더위가 한창인 여름

▢ ▢ ▢

② 걱정이 되는 조건이나 일

▢ ▢ ▢ ▢

③ 썩 드물고 귀한 가치가 있는 보배로운 물건

▢ ▢

④ 행동이 느리고 움직이거나 일하기를 싫어하는 태도나 버릇

▢ ▢ ▢

20 공으로 경기해요

◆ 축구, 농구, 배구, 야구를 할 때 공통적으로 이용하는 도구를 찾아 색칠해요.
◆ 축구, 농구, 배구, 야구의 경기 방법에 각각 밑줄을 그어요.

❶ 축구, 농구, 배구, 야구의 공통점은 무엇일까요? 바로 공을 이용하는 운동 경기라는 것입니다. 모두 공을 이용하지만 경기 방법이나 규칙은 제각각 다릅니다.

❷ 축구는 주로 머리와 발로 공을 차서 상대편의 골문에 공을 많이 넣는 것으로 승부를 겨루는 경기입니다. 열한 명이 한 팀을 이루며, 골문을 지키는 골키퍼 이외의 선수는 손을 쓰면 안 됩니다.

❸ 농구는 상대편의 농구대에 달린 바스켓에 공을 던져 넣어 점수를 많이 얻은 팀이 이기는 경기입니다. 다섯 명이 한 팀이 되어 경기를 합니다.

❹ 배구는 사각형으로 된 코트에서 하는 경기입니다. 코트의 중앙에 있는 네트를 사이에 두고 두 팀이 경기를 합니다. 공을 바닥에 떨어뜨리지 않고 손으로 쳐서 세 번 안에 상대편 코트로 넘겨야 하며, 여섯 명이 한 팀을 이룹니다.

❺ 야구는 두 팀이 공격과 수비를 번갈아 하며 총 9회 동안 승부를 겨루는 경기입니다. 아홉 명이 한 팀을 이루며, 투수가 던진 공을 타자가 배트로 치는 방식으로 경기가 진행됩니다.

◆ **제각각**: 여럿이 모두 각각
◆ **승부**: 경쟁·운동 경기·시합 등에서 이기고 짐
◆ **겨루는**: 누가 더 힘이 세거나 능력이 있는지 가리기 위해 맞서 싸우는

01 이 글의 중심 낱말로 알맞은 것을 찾아 ○ 표시를 하세요.

```
공          선  수          승  부          점  수
```

02 다음 운동 경기와 그 경기의 한 팀당 인원수를 선으로 이으세요.

1 축구 • 　　　　　• ㄱ 5명

2 농구 • 　　　　　• ㄴ 6명

3 배구 • 　　　　　• ㄷ 9명

4 야구 • 　　　　　• ㄹ 11명

03 축구 경기를 할 때 공을 손으로 만져도 되는 사람에 ○ 표시를 하세요.

수비하는 선수
골키퍼
공격하는 선수

04 다음은 이 글의 중심 내용이에요. 빈칸에 알맞은 낱말을 넣어 문장을 완성해 보세요.

축구, 농구, 배구, 야구는 ┌ㄱ┐ 을 이용하는 운동 경기로, 각각의 방식에 따라 경기가 진행된다.

어휘를 익혀요

01 따라 쓰며 낱말의 뜻을 찾아 바르게 연결해 보세요.

① 경 기 •

• **㉠** 외부의 침략이나 공격을 막아 지킴

② 규 칙 •

• **㉡** 일정한 규칙 아래 기량과 기술을 겨룸

③ 수 비 •

• **㉢** 축구나 하키 따위에서 골문을 지키는 선수

④ 타 자 •

• **㉣** 여러 사람이 다 같이 지키기로 작정한 법칙

⑤ 골 키 퍼 •

• **㉤** 야구에서, 배트를 가지고 타석에서 공을 치는, 공격하는 편의 선수

02 빈칸에 들어갈 알맞은 낱말을 **보기**에서 찾아 쓰세요.

> **보기**
>
> 선수   승부   점수   공통점   제각각

① 우리집 식구는 ☐☐☐ 입맛이 다르다.

② 두 사람은 실력이 비슷하여 ☐☐를 가리기 어려웠다.

③ 농구는 상대편의 바스켓에 공을 넣어 ☐☐를 많이 얻는 것으로 승부를 겨루는 경기이다.

03 다음 뜻에 해당하는 낱말을 빈칸에 써서 끝말잇기를 해 보세요. 잘 모르겠다면 초성 힌트를 참고해 보세요.

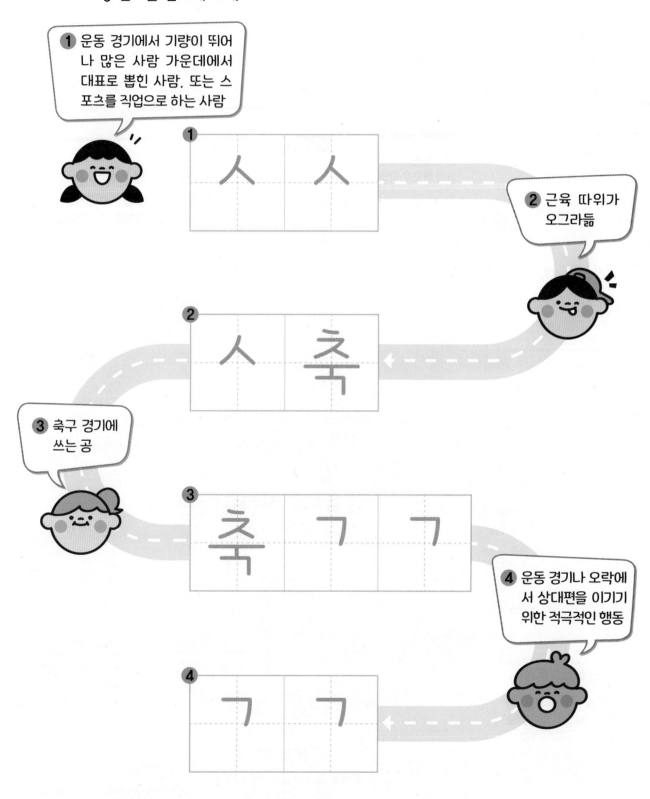

① 운동 경기에서 기량이 뛰어나 많은 사람 가운데에서 대표로 뽑힌 사람. 또는 스포츠를 직업으로 하는 사람

② 근육 따위가 오그라듦

③ 축구 경기에 쓰는 공

④ 운동 경기나 오락에서 상대편을 이기기 위한 적극적인 행동

특별
활동

생활

07 스트레칭을 해요

> 어떻게 스트레칭을
> 하는지 알아보고,
> 동작을 따라해 보세요.

스트레칭은 몸을 부드럽게 해 주고, 피로를 풀어 줘요. 특히 운동하기 전에는 충분히 스트레칭을 해야 다치지 않아요. 그러면 스트레칭 동작을 알아볼까요?

어깨 당기기
한쪽 팔꿈치 부분을
가슴 쪽으로 당겨요.

팔꿈치 잡고 팔 뒤로 당기기
한 팔을 머리 위로 올린 후 굽혀요.
반대쪽 손으로 팔꿈치를 잡아당겨요.

머리 잡고 목 당기기
목을 왼쪽, 오른쪽, 앞쪽,
뒤쪽으로 천천히 당겨요.

모든 동작은
동작을 한 상태에서
10초 동안 멈추고
같은 동작을 세 번 반복해요.
어떤 동작을 먼저 할지
순서는 상관없어요.

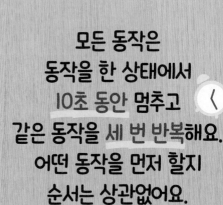

발 뒤로 젖히기
발목을 잡고 발뒤꿈치가
엉덩이에 닿도록 당겨요.

허리 숙이기
두 발을 적당히 벌리고
가능한 만큼 허리를 숙여요.

무릎 당기기
무릎을 굽혀 가슴 쪽으로 당겨요.
넘어지지 않게 조심해요.

01 스트레칭을 하면 좋은 점은 무엇일까요? ✎

① 피로를 풀어 준다.

② 시력을 좋게 해 준다.

③ 상처를 아물게 해 준다.

02 다음 스트레칭 동작을 보고, 빈칸에 들어갈 알맞은 신체 부위를 쓰세요.

한 팔을 머리 위로 올린 후 굽혀요. 반대쪽 손으로 ❶ ㅍ ㄲ ㅊ 를 잡아 당겨요.

무릎을 굽혀 ❷ ㄱ ㅅ 쪽으로 당겨요.

03 다음 중 올바른 스트레칭 방법에 ✔ 표시를 하세요.

❶ ☐ 동작을 한 상태에서 10초 동안 멈춘다.
☐ 동작을 하자마자 다음 동작으로 바꾼다.

❷ ☐ 한 동작을 한 번씩 한다.
☐ 한 동작을 세 번씩 반복한다.

01 ① 02 ❶ 팔꿈치 ❷ 가슴 03 ❶ ✔ 동작을 한 상태에서 10초 동안 멈춘다. ❷ ✔ 한 동작을 세 번씩 반복한다.

101

생활

08 영화관에서는 이렇게

> 영화관에서 지켜야 할 규칙을 확인하며 읽어요.

서준이는 주말에 영화관에 가기로 했어요. 그런데 영화관에 처음 가는 거라서 어떻게 행동해야 할지 모르겠대요. 그럼 영화관 이용 규칙을 함께 알아볼까요?

여러분! 영화관에서 이것만은 지켜 주세요.

첫째, 영화를 보는 동안에는 빛이나 소리가 나는 장난감과 휴대 전화를 꺼 주세요.

둘째, 앞사람의 의자를 발로 차거나 자신의 의자를 밟고 올라서지 말아 주세요.

셋째, 말을 많이 하지 말고 영화에 집중해 주세요. 꼭 해야 하는 이야기는 작은 소리로 말하세요.

01 영화관에서 하지 말아야 할 행동에 모두 ✓ 표시를 하세요(2개).

☐ 휴대 전화를 끄기

☐ 의자를 발로 차기

☐ 영화를 재미있게 보기

☐ 소리 나는 장난감을 가지고 놀기

02 다음 상황에서 서준이의 엄마가 서준이에게 한 말은 무엇일까요? 🖉

① 옆 사람의 눈이 부시잖니.

② 앞사람이 깜짝 놀랄 수 있잖니.

③ 뒷사람이 화면을 잘 볼 수 없잖니.

서준아, 자리에서 일어서면 안 돼. 네가 그렇게 행동하면 [   ]

03 오른쪽 상황과 같은 일을 막기 위해 규칙을 추가하려고 해요. 빈칸에 들어갈 알맞은 말을 써서 규칙을 완성해 보세요.

앗! 내 자리에 다른 사람이 앉아 있어.

넷째, 영화관에서 영화를 볼 때에는

정해진 [ㅈ] [ㄹ] 에 앉으세요.

실력 확인

△ 글의 문단별 내용을 정리하고 주제를 써 보아요.

01 나를 소개합니다

본문 8쪽

- **1문단** ☐☐☐ 하기
- **2문단** 자기소개 ①: ☐☐ 소개하기
- **3문단** 자기소개 ②~③: ☐☐ 및 별명 소개하기
- **4문단** ☐☐☐ 하기

✎ **주제** 한가람이의 ☐☐☐☐

02 범인은 바로 망고

본문 12쪽

- **1문단** ☐☐ 맞추기가 취미임
- **2문단** 잃어버린 퍼즐 조각을 ☐☐ 의 집에서 발견함

✎ **주제** ☐☐☐☐ 을 잃어버렸던 일을 적은 하은이의 일기

03 장난감이 위험해

본문 16쪽

- **1문단** 설명할 내용 소개
- **2문단** 장난감 ☐ 을 가지고 놀 때의 주의점
- **3문단** 장난감을 ☐ 에 넣으면 안 되는 이유
- **4문단** 장난감을 가지고 논 ☐ 의 주의점

✎ **주제** ☐☐☐ 을 안전하게 가지고 놀기 위한 방법

본문
바로가기

○4 더위는 먹는 게 아니야

본문 20쪽

1문단 설명할 내용 소개

2문단 ☐☐☐의 뜻

3문단 일사병의 ☐☐

4문단 일사병의 ☐☐ 방법과 일사병에 걸렸을 때의 처치 방법

✔주제 ☐☐☐의 증상과 일사병에 걸렸을 때 ☐☐ 방법

○5 커서 무엇이 될까요

본문 24쪽

1문단 ☐☐☐와 어른벌레의 뜻

2문단 애벌레와 어른벌레의 ☐☐☐

3문단 애벌레와 어른벌레의 ☐☐ 비교

✔주제 ☐☐☐와 어른벌레의 비교

○6 친구들 앞에서 발표해요

본문 32쪽

1문단 가전제품이 ☐☐한 이유

2문단 가전제품을 ☐☐하게 사용하는 방법

3문단 ☐☐ 알림장 만들기에 대한 제안

✔주제 ☐☐☐☐을 안전하게 사용하는 방법

실력 확인

07 새우는 왜 빨개질까

본문 36쪽

- **1문단** ☐☐의 색깔에 대한 궁금증 제시
- **2문단** 새우가 살아 있을 때 아스타크산틴의 ☐☐ 변화
- **3문단** 새우를 익혔을 때 아스타크산틴의 색깔 변화
- **4문단** 아스타크산틴의 ☐☐

✔ **주제** 새우가 ☐☐☐으로 변하는 과정과 그 이유

08 수박은 계절이 있다고요

본문 40쪽

- **1문단** ☐☐이 제철인 수박
- **2문단** 제철 채소나 제철 ☐☐을 먹어야 하는 이유

✔ **주제** 과일이나 채소를 ☐☐에 먹어야 하는 이유

09 무엇을 가지고 일할까

본문 44쪽

- **1문단** 일을 할 때 ☐☐를 사용하는 이유
- **2문단** 경찰관이 쓰는 도구: ☐☐
- **3문단** ☐☐가 쓰는 도구: 그물
- **4문단** 의사가 쓰는 도구: ☐☐☐
- **5문단** ☐☐☐가 쓰는 도구: 물뿌리개

✔ **주제** 각 ☐☐에 알맞은 ☐☐

본문
바로가기

10 바람을 타고 날아가 버린 말

본문 48쪽

1문단 남의 □□ 을 일삼는 소년

2문단 자신의 □□ 을 깨닫지 못하는 소년에게 노인이 제안을 함

3문단 소년이 □□ 줍기에 실패함

4문단 노인의 □□□

✎ **주제** □□ 한 말하기 태도의 중요성

11 임금님 귀는 당나귀 귀

본문 56쪽

1문단 임금님은 큰 □ 를 감추기 위해 높은 모자를 씀

2문단 임금님은 모자 만드는 사람에게 자신의 □□ 에 대해 말하지 않도록 명령함

3문단 모자 만드는 사람은 죽기 전에 □□□ 숲에서 임금님의 비밀을 외침

4문단 바람이 불 때마다 대나무 숲에서 □□□ 가 들려옴

✎ **주제** □□□ 숲에서 임금님의 □□ 을 외친 모자 만드는 사람

12 안전띠를 안전하게 매요

본문 60쪽

1문단 □□□ 를 매야 하는 이유

2문단 안전띠를 □□□□ 매는 방법

✎ **주제** □□□ 를 올바르게 매는 방법

실력 확인

13 신호등을 알아봐요

본문 64쪽

①문단 ☐☐☐의 색깔에 대한 궁금증 제시

②문단 신호등에서 ☐☐☐의 의미

③문단 신호등에서 ☐☐☐의 의미

④문단 초록불이 ☐☐일 때의 의미와 행동 요령

주제 신호등의 ☐☐☐과 초록불이 지닌 의미

14 물이 없어도 괜찮아

본문 68쪽

①문단 물이 부족해도 잘 사는 ☐☐☐

②문단 선인장의 ☐☐☐와 서식지

③문단 선인장이 ☐ 없이 오랫동안 살 수 있는 이유

주제 오랫동안 ☐을 주지 않아도 ☐☐☐이 잘 살 수 있는 이유

15 곰은 겨울에 잠을 잔대요

본문 72쪽

①문단 동식물에게 힘든 계절인 ☐☐

②문단 ☐☐☐을 자며 겨울을 이겨 내는 동물들

주제 추운 겨울을 이겨 내기 위해 ☐☐☐을 자는 동물들

108

본문
바로가기

16 길에서 개를 만나면

본문 80쪽

①문단 ☐를 만났을 때 주의할 점

②문단 ☐☐☐ 개와 마주쳤을 때 주의할 점

③문단 개와 외출할 때 ☐☐이 주의할 점

④문단 면담자에 대한 감사의 인사 및 ☐☐ 종료

✎주제 ☐가 사람을 무는 사고를 ☐☐하기 위해 주의해야 할 점

17 진흙 속으로 풍덩

본문 84쪽

①문단 보령 머드 축제의 ☐☐ 및 장소 소개

②문단 보령 머드 축제의 ☐☐과 프로그램 소개

③문단 보령 머드 축제에 대한 ☐☐를 얻을 수 있는 곳 안내

✎주제 보령에서 열리는 ☐☐☐☐에 대한 정보

18 독감은 감기가 아니라고

본문 88쪽

①문단 ☐☐과 감기의 다른 점

②문단 독감을 ☐☐하는 방법

✎주제 ☐☐이 ☐☐와 다른 점 및 독감을 예방하는 방법

실력 확인

본문 바로가기

19 포도밭에 숨긴 보물

본문 92쪽

1문단 게으른 세 아들에게 □□을 남기고 죽은 농부

2문단 포도밭을 갈아엎었으나 □□이 나오지 않자 화가 난 세 아들

3문단 아버지의 □□□을 깨달은 세 아들

✔**주제** 부지런한 □□가 세 아들에게 전한 □□□

20 공으로 경기해요

본문 96쪽

1문단 □을 이용하는 운동 경기들

2문단 □□ 경기의 방법과 특징

3문단 □□ 경기의 방법과 특징

4문단 □□ 경기의 방법과 특징

5문단 □□ 경기의 방법과 특징

✔**주제** □을 이용하는 다양한 운동 경기의 특징

memo

memo

완자

공부력

정답과 해설

독
해

×

초등 국어

1A

1-2학년

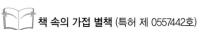

ABOVE IMAGINATION

우리는 남다른 상상과 혁신으로
교육 문화의 새로운 전형을 만들어
모든 이의 행복한 경험과 성장에 기여한다

완자

공부력

초등 국어
독해 1A

· · · ·

정답과 해설

완자

공부력 가이드

완자 공부력 시리즈는
앞으로도 계속 출간될 예정입니다.

국어
맞춤법
바로 쓰기
1~2학년용
4책

쓰기력

전과목
어휘
1~6학년용
12책

전과목
한자
어휘
1~6학년용
12책

영어
파닉스
1~2학년용
2책

영어
영단어
3~6학년용
8책

文 A

어휘력

국어
독해
1~6학년용
12책

한국사
독해
인물편
3~6학년용
4책

한국사
독해
시대편
3~6학년용
4책

독해력

수학
계산
1~6학년용
12책

× + ÷

계산력

! 완자 공부력 시리즈로 공부 근육을 키워요!

매일 성장하는
초등 자기개발서
ⓦ 완자

공부력

학습의 기초가 되는 읽기, 쓰기, 셈하기와 관련된
공부력을 키워야 여러 교과를 터득하기 쉬워집니다.
또한 어휘력과 독해력, 쓰기력, 계산력을 바탕으로 한
'공부력'은 자기주도 학습으로 상당한 단계까지 올라갈 수
있는 밑바탕이 되어 줍니다. 그래서 매일 꾸준한 학습이
가능한 '**완자 공부력 시리즈**'로 공부하면 자기주도 학습이
가능한 튼튼한 공부 근육을 키울 수 있을 것이라 확신합니다.

효과적인 공부력 강화 계획을 세워요!

◎ 학년별 공부 계획

내 학년에 맞게 꾸준하게 공부 계획을 세워요!

		1-2학년	3-4학년	5-6학년
기본	독해	국어 독해 1A 1B 2A 2B	국어 독해 3A 3B 4A 4B	국어 독해 5A 5B 6A 6B
	계산	수학 계산 1A 1B 2A 2B	수학 계산 3A 3B 4A 4B	수학 계산 5A 5B 6A 6B
	어휘	전과목 어휘 1A 1B 2A 2B	전과목 어휘 3A 3B 4A 4B	전과목 어휘 5A 5B 6A 6B
		파닉스 1 2	영단어 3A 3B 4A 4B	영단어 5A 5B 6A 6B
확장	어휘	전과목 한자 어휘 1A 1B 2A 2B	전과목 한자 어휘 3A 3B 4A 4B	전과목 한자 어휘 5A 5B 6A 6B
	쓰기	맞춤법 바로 쓰기 1A 1B 2A 2B		
	독해		한국사 독해 인물편 1 2 3 4	
			한국사 독해 시대편 1 2 3 4	

○ 시기별 공부 계획

학기 중에는 **기본**, 방학 중에는 **기본 + 확장**으로 공부 계획을 세워요!

방학 중			
학기 중			확장
기본			확장
독해	계산	어휘	어휘, 쓰기, 독해
국어 독해	수학 계산	전과목 어휘	전과목 한자 어휘
		파닉스(1~2학년) 영단어(3~6학년)	맞춤법 바로 쓰기(1~2학년) 한국사 독해(3~6학년)

예시 **초1 학기 중 공부 계획표** 주 5일 하루 3과목 (45분)

월	화	수	목	금
국어 독해	국어 독해	국어 독해	국어 독해	국어 독해
수학 계산	수학 계산	수학 계산	수학 계산	수학 계산
전과목 어휘	파닉스	전과목 어휘	전과목 어휘	파닉스

예시 **초4 방학 중 공부 계획표** 주 5일 하루 4과목 (60분)

월	화	수	목	금
국어 독해	국어 독해	국어 독해	국어 독해	국어 독해
수학 계산	수학 계산	수학 계산	수학 계산	수학 계산
전과목 어휘	영단어	전과목 어휘	전과목 어휘	영단어
한국사 독해 인물편	전과목 한자 어휘	한국사 독해 인물편	전과목 한자 어휘	한국사 독해 인물편

01 나를 소개합니다

본문 8쪽

> 코칭Tip 이 글은 이한가람이라는 학생이 친구들에게 자기를 소개하는 내용을 담고 있습니다. 자기를 소개하는 글에 들어가는 요소를 파악하고, 이름과 별명에 담긴 의미가 무엇인지 살펴보며 글을 읽을 수 있도록 합니다.

◆ 한가람이가 이 글을 쓴 목적을 알 수 있는 낱말을 찾아 색칠해요.
◆ 한가람이가 자기에 대해 알리고 있는 내용 세 가지에 밑줄을 그어요.

1 안녕하세요. 저는 이한가람입니다. 만나서 반갑습니다. 그럼 자기소개를 시작하겠습니다.
　　　　　　　　　　　　　　　　　　　　　　　　　　　　중심 소재　　　　　　　　▶ 첫인사하기

2 먼저 제 이름을 설명할게요. 제 이름은 다른 친구들의 이름보다 좀 더 길어요. 성이 '이'이고, 이름이 '한가람'이지요. '한가람'은 순우리말로 '큰 강'이라는 뜻이에요. 부모님께서 지어 주신 소중한 이
　자기소개 내용 ①: 이름　　　　　　　　　　　이름의 뜻
름이랍니다. 부모님께서는 제가 큰 강처럼 넓고 깊은 마음을 지닌 사람이 되기를 바라며 이 이름을
　　　　　　　　　　　　　　　　　　　부모님께서 '한가람'이라는 이름을 지으신 의도
지으셨다고 해요. 그런데 "너무 한가한 사람이라서 한가람이야?"라며 놀리는 친구들이 있어요. 그럴 땐 부모님께서 지어 주신 소중한 이름을 우스꽝스럽게 만드는 것 같아 속상하고 화가 나기도 해요. 친구의 이름이 좀 특이하더라도 놀리지 말고, 그 친구의 이름을 소중하게 생각해 주었으면 해요.
　　　　　　　　　　　친구들에게 부탁하는 말　　　　　　　　　　▶ 자기소개 ①: 이름 소개하기

3 이제 우리 가족 이야기를 할게요. 우리 가족은 할머니, 아빠, 엄마, 오빠, 저 이렇게 다섯 식구입
　　　　　　　　　　　　　　　　　자기소개 내용 ②: 가족
니다. 할머니께서는 저의 동그란 얼굴과
　　　　　　　　　　　　'해님'이라는 별명의 이유
짧은 곱슬머리가 해를 닮았다며 저를 '해님'이라고 부르세요. 그래서 집에서 불리
　　　　　　　　　　　　자기소개 내용 ③: 별명
는 제 별명은 '해님'이랍니다.
　　　　　▶ 자기소개 ②~③: 가족 및 별명 소개하기

4 이 반에서는 어떤 별명이 생길지 기대가 됩니다. 그럼 자기소개를 마치겠습니다. 한 해 동안 친하게 지냈으면 좋겠어요. 감사합니다.
　　　　　　　　　　　　　　▶ 끝인사하기

글을 이해해요

☑ 자기 평가

본문 9쪽

01 (중심 낱말 찾기)

| 가 | 족 | | 별 | 명 | | 이 | 름 | | (자 | 기 | 소 | 개) |

⭕ ❌

02 (내용 이해)

1 ⭕   **2** ⭕   **3** ❌

⭕ ❌

03 (내용 이해)

③

⭕ ❌

04 (중심 내용 쓰기)

나의 | 이 | 름 은 이한가람이고, | 별 | 명 은 해님이다. 우리 | 가 | 족 은 할머니, 아빠, 엄마, 오빠, 나 이렇게 다섯 식구이다.

⭕ ❌

02 **1**. **2** '한가람'은 순우리말로 '큰 강'이라는 뜻이라고 했어요.

3 '한가람'이라는 이름은 할머니가 아니라 부모님이 지어 주신 이름이에요.

03 2문단에서 한가람이는 자기 이름을 가지고 놀리는 친구들이 있어서 속상하다며 부모님께서 지어 주신 이름이니 놀리지 말고 소중하게 생각해 주기를 친구들에게 부탁하고 있어요.

오답 풀이

① 집에서의 별명은 '해님'인데, 이 반에서는 어떤 별명이 생길지 기대가 된다고 했어요.

② 친구의 이름을 소중하게 생각해 달라고 했어요.

04 이 글은 이한가람이라는 학생이 친구들 앞에서 자신의 이름, 가족, 별명 등을 소개하는 내용을 담고 있어요.

어휘를 익혀요

본문 10~11쪽

01 **1** ㄱ   **2** ㄷ   **3** ㅁ   **4** ㄹ   **5** ㄴ

02 **1** 별명   **2** 우스꽝   **3** 곱슬머리

03

피	소	스	불	(순)
(한)	여	폐	우	비
(가	족)	리	부	음
하	(말)	귀	름	식
다	(자	기	소	개)

1 일이 없어 바쁘지 않고 여유가 있다.

| 한 | 가 | 하 | 다 |

2 우리말 중에서 고유어만을 이르는 말

| 순 | 우 | 리 | 말 |

3 처음 만난 사람에게 자기의 이름, 경력 등을 말하여 알림

| 자 | 기 | 소 | 개 |

4 주로 부부를 중심으로 한, 친족 관계에 있는 사람들의 집단. 또는 그 구성원

| 가 | 족 |

7

02 범인은 바로 망고

◆ 하은이의 취미가 무엇인지 해당하는 낱말을 찾아 색칠해요.

◆ 하은이가 오늘 겪은 일에 밑줄을 그어요.

날짜: 4월 8일 수요일	날씨: 맑음
제목: 범인은 바로 망고	이름: 이하은

① 나의 취미는 퍼즐 맞추기이다. 여러 가지 모양의 조각들이 딱딱 들어맞을
중심 소재
때 정말 기분이 좋다.
▶ 퍼즐 맞추기가 취미임

② 그런데 오늘 내가 가장 좋아하는 퍼즐의 한 조각이 사라졌다. 그 조각이 없
하은이가 오늘 겪은 일
으면 퍼즐을 제대로 완성할 수 없기 때문에 매우 속이 상했다. 책상 밑에도, 침
하은이의 기분
대 위에도 없었다. 여기저기를 찾던 중 우리 강아지 망고의 집에서 잃어버린 퍼
퍼즐 조각이 발견된 장소
즐 조각을 발견했다. 망고야, 앞으로 또 이러면 정말 화낼 거야!
▶ 잃어버린 퍼즐 조각을 망고의 집에서 발견함

글을 이해해요

✔ 자기 평가

본문 13쪽

01 (중심 낱말 찾기)

| 기 | 분 | | 모 | 양 | | 책 | 상 | | (퍼 | 즐) |

⭕ ❌

02 (내용 이해)
③

⭕ ❌

03 (내용 이해)

☐ 햄스터   ✔ 강아지   ☐ 고양이

⭕ ❌

04 (중심 내용 쓰기)

하은이는 [망][고][의][집]에서 잃어버린 [퍼][즐][조][각]을 찾
았다.

⭕ ❌

02 2문단에 하은이가 속상해한 이유가 나타나 있어요. 하은이는 퍼즐의 한 조각이 사라져서 퍼즐을 완성할 수 없게 되었기 때문에 속상했어요.

03 2문단에서 '우리 강아지 망고'라고 하였으므로 망고가 강아지임을 알 수 있어요.

(이럴 땐 이렇게!) 글과 그림이 함께 있는 글에서는 그림에서도 답을 찾을 수 있어요. 하은이가 잃어버린 퍼즐 조각을 물고 있는 동물을 찾아보세요.

04 이 글은 하은이가 퍼즐 조각을 잃어버려 속상해하다가 망고의 집에서 그 퍼즐 조각을 발견한 일을 적은 일기예요.

어휘를 익혀요

본문 14~15쪽

01 ❶ ㄷ ❷ ㄱ ❸ ㅁ ❹ ㄴ ❺ ㄹ   **02** ❶ 취미 ❷ 발견 ❸ 완성

03

03 장난감이 위험해

본문 16쪽

코칭 Tip 이 글은 장난감의 위험성을 알리고 장난감을 안전하게 가지고 놀기 위해 주의할 점에 대해 설명하고 있습니다. 장난감을 안전하게 가지고 노는 방법이 무엇일지 생각하며 글을 읽을 수 있도록 합니다.

◆ 이 글에서 설명하고 있는 대상이 무엇인지 해당하는 낱말을 찾아 색칠해요.

◆ 장난감을 안전하게 가지고 놀기 위해 주의할 점 네 가지에 밑줄을 그어요.

1 장난감은 우리 곁에서 좋은 친구가 되어 줍니다. 그렇지만 이 장난감이 우리를 위험하게 할 수도
　　　중심 소재
있어요. 장난감을 안전하게 가지고 놀기 위해서는 어떻게 해야 할지 알아보도록 해요.　▶ 설명할 내용 소개
　　　　　　　　　　　　　　　　이 글에서 설명할 내용 제시

2 여러분은 비비탄총이나 화약총을 가지고 놀아 본 적이 있나요? 장난감 총은 멋지게 생겼지만 비
비탄에 눈을 다칠 수도 있고, 화약에 화상을 입을 수도 있어요. 따라서 이런 위험한 장난감 총은 되도
　　　　　비비탄총이나 화약총이 위험한 이유
록 가지고 놀지 않는 것이 좋아요. 그래도 장난감 총을 가지고 놀고 싶다면, 총을 사람이나 동물을 향
　　　　　　　　　　　　　　　　　　　　　　장난감을 가지고 놀 때 주의할 점 ①
해 쏘지 않도록 조심해야 해요.　　　　　　　　　▶ 장난감 총을 가지고 놀 때의 주의점

3 또 구슬이나 고무풍선처럼 어린이가 삼켜서 질식할 수 있는 작은 크기의 장난감도 조심해서 가
　　　　　구슬이나 고무풍선이 위험한 이유
지고 놀아야 해요. 절대로 입에 넣으면 안 돼요. 물론, 다른 큰 장난감들도 입에 넣거나 빨면 안 돼요.
　　　　　　　　　　　　장난감을 가지고 놀 때 주의할 점 ②
입을 다칠 수도 있고, 장난감에 있는 세균이나 화학 물질이 우리 몸을 해칠 수도 있기 때문이죠. 그래
　　　　　　　　입에 장난감을 넣으면 안 되는 이유
서 장난감을 만진 뒤에는 손도 깨끗이 닦아야 해요.　　　　　　▶ 장난감을 입에 넣으면 안 되는 이유
　　장난감을 가지고 놀 때 주의할 점 ③

4 마지막으로 놀이가 끝나면 장난감을 제자리에 정리해야 해요. 바닥에 있는 뾰족한 장난감을 밟
　　　　　장난감을 가지고 놀 때 주의할 점 ④
거나 장난감에 걸려 넘어지면 다칠 수 있으니까요.　　　　　▶ 장난감을 가지고 논 뒤의 주의점
　　장난감을 제자리에 정리해야 하는 이유

글을 이해해요 ▶

본문 17쪽

01 (중심 낱말 찾기)

| 총 | | 구 | 슬 | | 어 | 린 | 이 | | 장 | 난 | 감 |

✓ 자기 평가 ◯ ✕

02 (내용 이해)
1 ㄴ   **2** ㄱ

◯ ✕

03 (내용 이해)
ㄱ

◯ ✕

04 (중심 내용 쓰기)

장 난 감 이 우리를 위험하게 할 수도 있으므로, 주의하여 안

전 하게 가지고 놀아야 한다.

◯ ✕

02 ❶ 3문단에서 구슬은 삼켜서 질식할 수 있기 때문에 절대로 입에 넣으면 안 된다고 했어요.
❷ 2문단에서 위험한 장난감 총은 되도록 가지고 놀지 않는 것이 좋지만, 그래도 가지고 놀고 싶다면 총을 사람이나 동물을 향해 쏘지 않도록 조심해야 한다고 했어요.

03 4문단에서 놀이가 끝나면 장난감을 제자리에 정리해야 한다고 했어요. 바닥에 있는 뾰족한 장난감을 밟거나 장난감에 걸려 넘어지면 다칠 수도 있기 때문이에요.

04 이 글은 우리에게 좋은 친구인 장난감이 우리를 위험하게 할 수도 있음을 알리고, 장난감을 안전하게 가지고 놀 수 있는 방법을 설명하고 있어요.

어휘를 익혀요 ▶

본문 18~19쪽

01 **1** ㅁ   **2** ㄹ   **3** ㄱ   **4** ㄷ   **5** ㄴ

02 **1** 화상   **2** 질식   **3** 화약

03

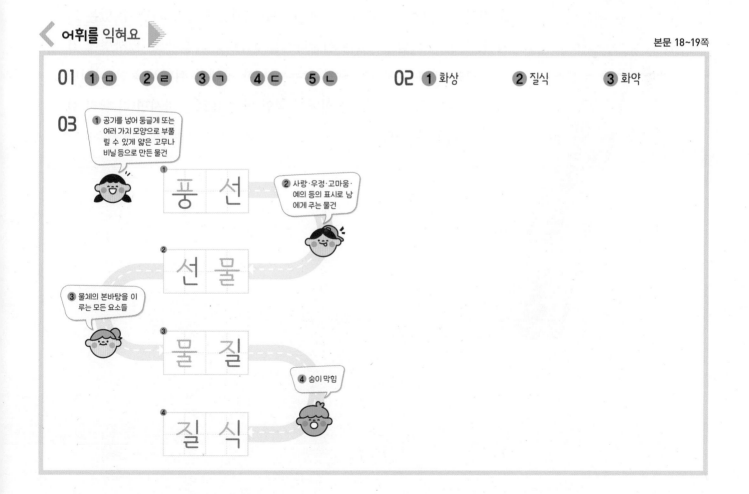

❶ 공기를 넣어 둥글게 또는 여러 가지 모양으로 부풀릴 수 있게 얇은 고무나 비닐 등으로 만든 물건

① 풍 선

❷ 사랑·우정·고마움·예의 등의 표시로 남에게 주는 물건

② 선 물

❸ 물체의 본바탕을 이루는 모든 요소들

③ 물 질

❹ 숨이 막힘

④ 질 식

11

04 더위는 먹는 게 아니야

본문 20쪽

코칭Tip 이 글은 일사병의 뜻, 일사병에 걸렸을 때의 증상과 처치 방법에 대해 설명하고 있습니다. 일사병과 관련하여 자기가 몰랐던 내용이 무엇인지 확인하며 글을 읽을 수 있도록 합니다.

◆ 더운 날씨에 걸릴 수 있는 병이 무엇인지 해당하는 낱말을 찾아 색칠해요.

◆ 일사병에 걸렸을 때의 증상과 처치 방법에 밑줄을 그어요.

1 더운 여름날 밖에 오랫동안 서 있다가 어지러웠던 적이 있나요? 더운 날씨에 뜨거운 햇볕을 오래 쐬면 병에 걸릴 수 있어요. 바로 '일사병'이에요. 그럼 일사병에 대해 알아볼까요?
_{일사병에 걸리는 원인}
▶ 설명할 내용 소개

2 일사병이란 공기가 덥고 햇볕이 너무 강해서 우리 몸이 체온을 제대로 조절하지 못해 생기는 병이에요. 어른들이 "더위 먹었어!"라고 하실 때가 있는데, 이 말이 바로 일사병에 걸렸다는 뜻이랍니다.
_{일사병의 뜻}
(관용구) 더위(를) 먹다: 여름철에 더위 때문에 몸에 이상 증세가 생기다.
▶ 일사병의 뜻

3 건강할 때 우리의 체온은 36.5도예요. 그런데 일사병에 걸리면 열이 몸 밖으로 빠져나가지 못해서 체온이 37도에서 40도 사이로 높아져요. 또 심장이 빨리 뛰고 어지럽고 머리도 아파요. 땀을 많이 흘리고, 속이 울렁거리거나 심하면 배까지 아파요.
_{일사병에 걸렸을 때의 증상}
▶ 일사병의 증상

4 따라서 햇볕이 강한 여름날에 외출할 때에는 햇볕을 가릴 수 있는 모자나, 눈을 보호할 수 있는 선글라스를 쓰는 것이 좋아요. 일사병에 걸렸을 때에는 햇볕이 닿지 않는 서늘한 곳에서 쉬면서 물을 마시면 나아져요. 소금이나 설탕이 섞인 이온 음료를 마시면 더 빨리 회복할 수 있답니다.
_{일사병을 예방하는 방법 / 일사병에 걸렸을 때의 처치 방법}
▶ 일사병의 예방 방법과 일사병에 걸렸을 때의 처치 방법

어질어질

글을 이해해요

☑ 자기 평가

본문 21쪽

01 (중심 낱말 찾기)

여 름   체 온   햇 볕   ⟨일 사 병⟩

〇 ✕

02 (내용 이해)

①

〇 ✕

03 (내용 추론)

❶ ✕   ❷ 〇   ❸ 〇

〇 ✕

04 (중심 내용 쓰기)

강한 햇볕을 오래 쬐면 일 사 병 에 걸릴 수 있는데, 이때 서늘한 곳에서 쉬면서 물이나 이 온 음 료 를 마시면 회복할 수 있다.

〇 ✕

02 3문단에서 일사병에 걸렸을 때의 증상을 설명하고 있어요. 일사병에 걸리면 체온이 37도에서 40도로 높아지고, 심장은 빠르게 뛰며 땀을 많이 흘린다고 해요.

03 ❶ 뜨거운 햇볕을 오래 쬐면 일사병에 걸릴 수 있다고 하였으므로, 여름 한낮에 운동장에서 오랫동안 뛰어노는 행동은 하지 말아야 할 행동이에요. ❷ 여름날에 땀을 많이 흘렸을 때에는 물이나 이온 음료를 마시면 도움이 돼요. ❸ 햇볕이 강한 여름날에 외출할 때에는 햇볕을 가릴 수 있는 모자나, 눈을 보호할 수 있는 선글라스를 쓰는 것이 좋아요.

04 이 글은 더운 여름날 강한 햇볕을 오래 쬐면 일사병에 걸릴 수 있음을 알리고, 일사병에 걸렸을 때 어떻게 해야 하는지 설명하고 있어요.

어휘를 익혀요

본문 22~23쪽

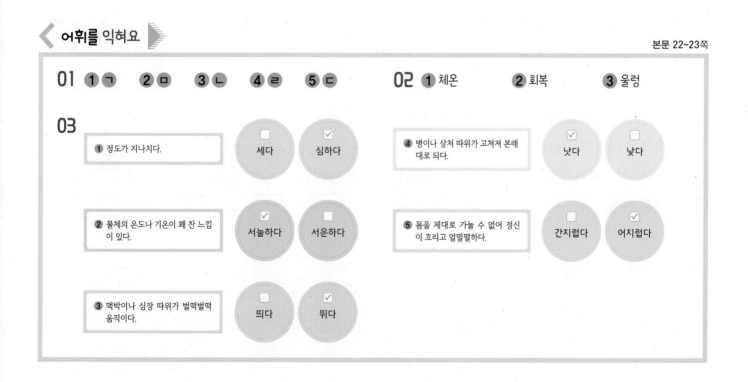

01 ❶ ㄱ   ❷ ㅁ   ❸ ㄴ   ❹ ㄹ   ❺ ㄷ

02 ❶ 체온   ❷ 회복   ❸ 울렁

03

❶ 정도가 지나치다.
세다 / ☑ 심하다

❷ 물체의 온도나 기온이 꽤 찬 느낌이 있다.
☑ 서늘하다 / 서운하다

❸ 맥박이나 심장 따위가 벌떡벌떡 움직이다.
띄다 / ☑ 뛰다

❹ 병이나 상처 따위가 고쳐져 본래대로 되다.
☑ 낫다 / 낮다

❺ 몸을 제대로 가눌 수 없어 정신이 흐리고 얼떨떨하다.
간지럽다 / ☑ 어지럽다

코칭 Tip 이 글은 애벌레와 어른벌레의 특징을 설명하고 있습니다. 송충이, 배추벌레, 수채가 자라서 어떤 곤충이 되는지 파악하고, 애벌레와 어른벌레의 차이점을 살펴보며 글을 읽을 수 있도록 합니다.

◆ 유충과 성충을 다른 말로 무엇이라고 하는지 해당하는 낱말을 찾아 색칠해요.
◆ 애벌레와 어른벌레의 차이점에 밑줄을 그어요.

1 '송충이, 배추벌레, 수채'가 무엇인지 아나요? '솔나방, 배추흰나비, 잠자리'는요? '송충이, 배추벌레, 수채'는 애벌레이고, '솔나방, 배추흰나비, 잠자리'는 어른벌레랍니다. 애벌레는 알에서 나온 후
중심 소재   중심 소재   애벌레의 뜻
아직 다 자라지 않은 벌레를 말해요. 유충이라고도 하지요. 이 애벌레가 다 자란 곤충을 어른벌레라
어른벌레의 뜻
고 해요. 성충이라고도 하고요.
▶ 애벌레와 어른벌레의 뜻

2 애벌레와 어른벌레는 생김새뿐만 아니라 먹이도 달라요. 먹이가 다르면 서로 먹이다툼을 하지 않
애벌레와 어른벌레의 차이점
으니 그만큼 살아남을 가능성이 높아지지요. 이제 애벌레 친구들을 만나 볼까요? ▶ 애벌레와 어른벌레의 차이점

3 나는 송충이야! 내가 크면 무엇이 될까? 짠! 하늘을 날아
애벌레
다니는 솔나방이 되지. 난 지금은 소나무의 잎을 갉아 먹지만,
송충이의 어른벌레   애벌레인 송충이의 먹이
내가 커서 솔나방이 되면 참나무의 수액이나 과일의 즙을 빨아
어른벌레인 솔나방의 먹이
먹어.

나는 배추벌레야! 내가 크면 무엇이 될까? 짠! 흰색 날개를
애벌레
가진 배추흰나비가 되지. 난 지금은 배춧잎을 먹지만, 내가 커
배추벌레의 어른벌레   애벌레인 배추벌레의 먹이
서 배추흰나비가 되면 훨훨 날아다니면서 꽃의 꿀을 빨아 먹어.
어른벌레인 배추흰나비의 먹이
나는 수채야! 내가 크면 무엇이 될까? 짠! 큰 눈과 날카로운
애벌레
턱을 가지고 긴 날개로 날아다니는 잠자리가 되지. 난 지금은
수채의 어른벌레

물속에서 아가미로 숨을 쉬며 실지렁이나 올챙이를 먹지만, 내
애벌레인 수채의 먹이
가 커서 잠자리가 되면 물 밖에서 살며 파리나 모기 같은 작은
어른벌레인 잠자리의 먹이
곤충을 먹어.
▶ 애벌레와 어른벌레의 먹이 비교

글을 이해해요

☑ 자기 평가

본문 25쪽

01 (중심 낱말 찾기)

소나무와 참나무   애벌레와 어른벌레   배춧잎과 배추흰나비

⭕ ❌

02 (내용 이해)

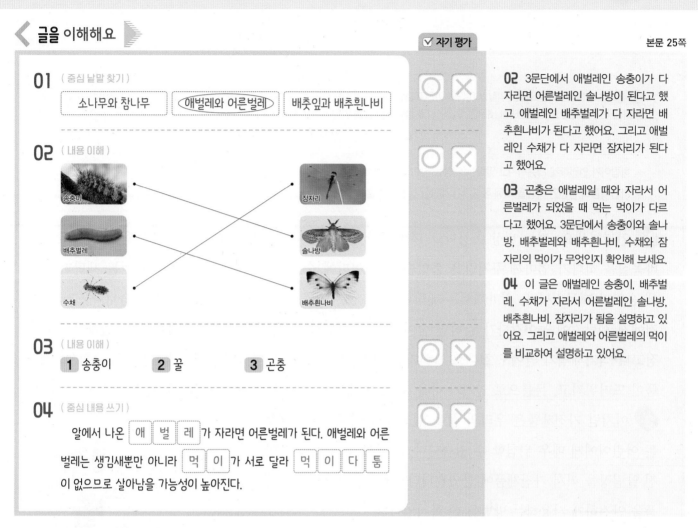

송충이 — 솔나방
배추벌레 — 배추흰나비
수채 — 잠자리

⭕ ❌

03 (내용 이해)

1 송충이   **2** 꿀   **3** 곤충

⭕ ❌

04 (중심 내용 쓰기)

알에서 나온 [애] [벌] [레] 가 자라면 어른벌레가 된다. 애벌레와 어른
벌레는 생김새뿐만 아니라 [먹] [이] 가 서로 달라 [먹] [이] [다] [툼]
이 없으므로 살아남을 가능성이 높아진다.

⭕ ❌

02 3문단에서 애벌레인 송충이가 다 자라면 어른벌레인 솔나방이 된다고 했고, 애벌레인 배추벌레가 다 자라면 배추흰나비가 된다고 했어요. 그리고 애벌레인 수채가 다 자라면 잠자리가 된다고 했어요.

03 곤충은 애벌레일 때와 자라서 어른벌레가 되었을 때 먹는 먹이가 다르다고 했어요. 3문단에서 송충이와 솔나방, 배추벌레와 배추흰나비, 수채와 잠자리의 먹이가 무엇인지 확인해 보세요.

04 이 글은 애벌레인 송충이, 배추벌레, 수채가 자라서 어른벌레인 솔나방, 배추흰나비, 잠자리가 됨을 설명하고 있어요. 그리고 애벌레와 어른벌레의 먹이를 비교하여 설명하고 있어요.

어휘를 익혀요

본문 26~27쪽

01 **1** ㅁ **2** ㄴ **3** ㄷ **4** ㄱ **5** ㄹ   **02** **1** 수액 **2** 가능성 **3** 생김새

03 (1)   (2)

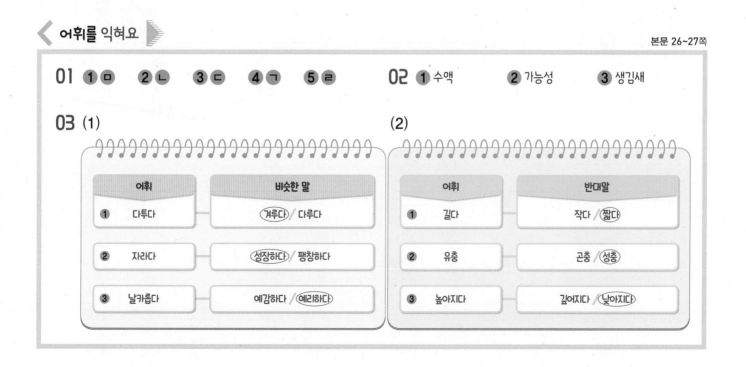

어휘	비슷한 말
1 다투다	겨루다 / 다루다
2 자라다	성장하다 / 팽창하다
3 날카롭다	예감하다 / 예리하다

어휘	반대말
1 길다	작다 / 짧다
2 유충	곤충 / 성충
3 높아지다	깊어지다 / 낮아지다

06 친구들 앞에서 발표해요

코칭Tip 이 글은 가전제품이 위험한 이유와 가전제품을 안전하게 사용하는 방법에 대해 발표하는 내용을 담고 있습니다. 하람이가 발표를 통해 친구들에게 전달하고자 한 내용이 무엇인지를 파악하며 글을 읽을 수 있도록 합니다.

◆ 하람이가 안전하게 사용하자고 말하는 대상을 찾아 색칠해요.
◆ 가전제품의 안전한 사용을 위해 하람이가 제안한 방법에 밑줄을 그어요.

① 안녕하세요. 저는 비상 초등학교 1학년 1반 남하람입니다. 며칠 전 저는 동생과 함께 집에서 숨바꼭질을 하다가 엄마께 꾸지람을 들었습니다. 어디에 숨을지 고민하다가 베란다에 있는 세탁기 속에 숨었기 때문입니다. 엄마께서는 세탁기 안에 있는 저를 발견하시고는 깜짝 놀라셨습니다. 그리고 저에게 <u>세탁기에 들어갔다가 갇히면 숨이 막혀서 큰일날 수 있다</u>고 말씀하셨습니다. 마찬가지로 냉
_{세탁기에 들어가면 안 되는 이유}
장고나 식기세척기 안에도 절대로 들어가면 안 된다고 하셨습니다. 특히 <u>식기세척기는 작동할 때 제품이 뜨거워지고, 문틈으로 열기가 나올 수 있기 때문</u>에 가까이 가서도 안 된다고 하셨습니다.
_{식기세척기가 위험한 이유} ▶ 가전제품이 위험한 이유

② 이처럼 **가전제품**은 우리의 삶을 편리하게 해 주지만, 때로
_{중심 소재}
는 어린이에게 매우 위험할 수 있습니다. 그래서 우리 가족은 안전 알림장을 써서 가전제품에 붙였습니다. <u>안전 알림장은 가전제품을 안전하게 사용하는 방법을 쓴 쪽지</u>입니다.
_{안전 알림장의 뜻}
▶가전제품을 안전하게 사용하는 방법

③ 우리 반 친구들도 가족과 함께 안전 알림장을 만들면 좋겠
_{가전제품을 안전하게 사용하기 위해 하람이가 제안한 방법}
습니다. 가전제품에 붙여 놓고 늘 조심한다면 더욱 안전한 생활을 할 수 있을 것입니다. 이상으로 발표를 마치겠습니다. 감사합니다.

▶안전 알림장 만들기에 대한 제안

글을 이해해요

✔ 자기 평가   본문 33쪽

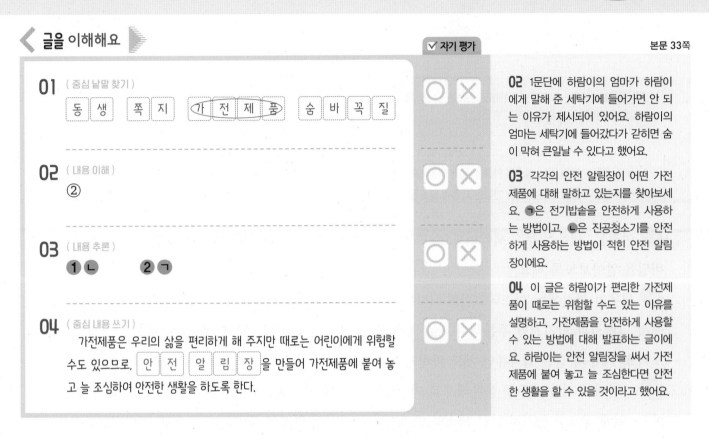

01 (중심 낱말 찾기)

| 동 | 생 | | 쪽 | 지 | | (가 | 전 | 제 | 품) | | 숨 | 바 | 꼭 | 질 |

○ ✕

02 (내용 이해)

②

○ ✕

03 (내용 추론)

❶ ㄴ   ❷ ㄱ

○ ✕

04 (중심 내용 쓰기)

가전제품은 우리의 삶을 편리하게 해 주지만 때로는 어린이에게 위험할 수도 있으므로, | 안 | 전 | 알 | 림 | 장 | 을 만들어 가전제품에 붙여 놓고 늘 조심하여 안전한 생활을 하도록 한다.

○ ✕

02 1문단에 하람이의 엄마가 하람이에게 말해 준 세탁기에 들어가면 안 되는 이유가 제시되어 있어요. 하람이의 엄마는 세탁기에 들어갔다가 갇히면 숨이 막혀 큰일날 수 있다고 했어요.

03 각각의 안전 알림장이 어떤 가전제품에 대해 말하고 있는지를 찾아보세요. ㉠은 전기밥솥을 안전하게 사용하는 방법이고, ㉡은 진공청소기를 안전하게 사용하는 방법이 적힌 안전 알림장이에요.

04 이 글은 하람이가 편리한 가전제품이 때로는 위험할 수도 있는 이유를 설명하고, 가전제품을 안전하게 사용할 수 있는 방법에 대해 발표하는 글이에요. 하람이는 안전 알림장을 써서 가전제품에 붙여 놓고 늘 조심한다면 안전한 생활을 할 수 있을 것이라고 했어요.

어휘를 익혀요

본문 34~35쪽

01 ❶ ㄴ   ❷ ㄱ   ❸ ㄹ   ❹ ㅁ   ❺ ㄷ

02 ❶ 편리   ❷ 열기   ❸ 꾸지람

03

꾸	지	람	불	가
한	여	숨	안	전
가	족	바	부	제
하	말	꼭	름	품
다	자	질	소	개

❶ 윗사람이 아랫사람의 잘못을 꾸짖는 말

| 꾸 | 지 | 람 |

❷ 위험이 생기거나 사고가 날 염려가 없음. 또는 그런 상태

| 안 | 전 |

❸ 가정에서 사용하는 세탁기, 냉장고, 텔레비전 따위의 전기 기기 제품

| 가 | 전 | 제 | 품 |

❹ 아이들 놀이의 하나로, 여럿 가운데 한 아이가 술래가 되어 숨은 사람을 찾아내는 것

| 숨 | 바 | 꼭 | 질 |

07 새우는 왜 빨개질까

본문 36쪽

> 코칭 Tip 이 글은 새우가 붉게 변하는 과정과 그 이유에 대해 설명하고 있습니다. 아스타크산틴이라는 색소의 색깔 변화 과정과 색소의 역할을 파악하며 글을 읽을 수 있도록 합니다.

◆ 새우 껍질에 들어 있는 색소의 이름을 찾아 색칠해요.
◆ 새우 껍질에 들어 있는 색소가 변하는 과정에 밑줄을 그어요.

1 여러분, 새우는 무슨 색깔일까요? 회색일까요? 붉은색일까요? 알쏭달쏭하다면 지금부터 새우의

비밀을 알아보도록 해요. ▶ 새우의 색깔에 대한 궁금증 제시

2 새우의 껍질에는 '아스타크산틴'이라는 붉은색 색소가 들어 있어요. 이 색소는 살아 있는 새우 안
　　　　　　　　　　중심 소재
에서 단백질과 합쳐지면 푸른색이나 갈색이 돼요. 그래서 일반적으로 살아 있는 새우는 청회색으로
　　　아스타크산틴이 단백질과 결합했을 때의 색깔 변화
보여요. 새우와 같은 갑각류인 게도 마찬가지예요. ▶ 새우가 살아 있을 때 아스타크산틴의 색깔 변화

3 그런데 우리는 새우를 붉은색으로 기억하는 경우가 많아요. 그 이유는 새우를 익혀 먹기 때문이

에요. 열에 닿으면 합쳐져 있던 색소와 단백질이 분리되어 원래의 색인 붉은색으로 돌아가요.
　　　　　　　아스타크산틴이 단백질과 분리되었을 때의 색깔 변화　　　▶ 새우를 익혔을 때 아스타크산틴의 색깔 변화

4 그렇다면 '아스타크산틴'이라는 색소는 어떤 역할을 할까요? 이 색소는 새우의 몸을 뜨거운 햇빛
　　　　　　　　　　　　　　　　　　　　　　　　　　　　　　아스타크산틴이 하는 역할 ①
으로부터 보호해 줘요. 그리고 사람이 이 색소를 먹으면 눈이 좋아지고, 노화 방지와 암의 예방에도
　　　　　　　　　　　　　　　아스타크산틴이 하는 역할 ②
도움이 된다고 해요. 특히 천연 색소인 아스타크산틴은 영양소가 미치기 어려운 눈 속과 뇌까지 침투

할 수 있기 때문에 눈의 피로 회복과 동맥 경화 예방에도 효과가 있어요. ▶ 아스타크산틴의 역할

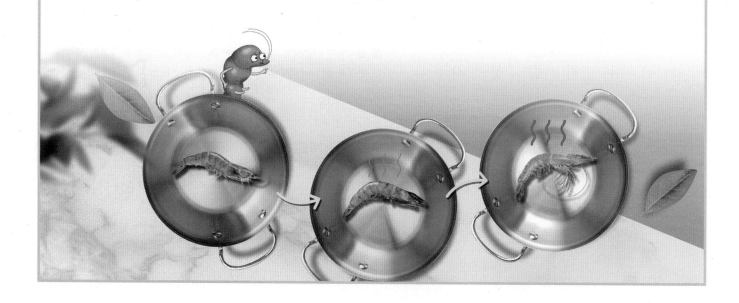

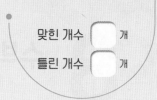

글을 이해해요

☑ 자기 평가

본문 37쪽

01 (중심 낱말 찾기)

껍 질   비 밀   색 소   ⟨아 스 타 크 산 틴⟩

○ ✕

02 (내용 이해)

1 ○   **2** ✕

○ ✕

03 (내용 이해)

1 햇빛   **2** 눈   **3** 노화

○ ✕

04 (중심 내용 쓰기)

새우가 살아 있을 때는 붉은색 색소인 아 스 타 크 산 틴
이 단백질과 합쳐져서 청회색을 띠고, 익혔을 때는 아스타크산틴이 단백질
과 분리되어 붉 은 색 이 된다.

○ ✕

02 **1** 새우는 익혔을 때는 붉은색으로 변하고, 익히지 않고 살아 있을 때는 청회색을 띠어요.
2 새우의 몸속에 있는 색소인 아스타크산틴은 원래는 붉은색인데 단백질과 합쳐지면 푸른색이나 갈색이 돼요.

03 4문단에서 아스타크산틴은 햇빛으로부터 새우의 몸을 보호해 주고, 사람이 먹으면 눈이 좋아지고 노화 방지와 암의 예방에 도움이 된다고 했어요.

04 이 글은 새우가 붉은색으로 변하는 과정과 그 이유를 설명하고 있어요. 따라서 중심 문장은 새우가 청회색이었다가 붉은색으로 변하는 과정을 정리하면 돼요.

어휘를 익혀요

본문 38~39쪽

01 **1** ㄴ   **2** ㄱ   **3** ㄷ   **4** ㄹ   **5** ㅁ

02 **1** 분리   **2** 노화   **3** 청회색

03

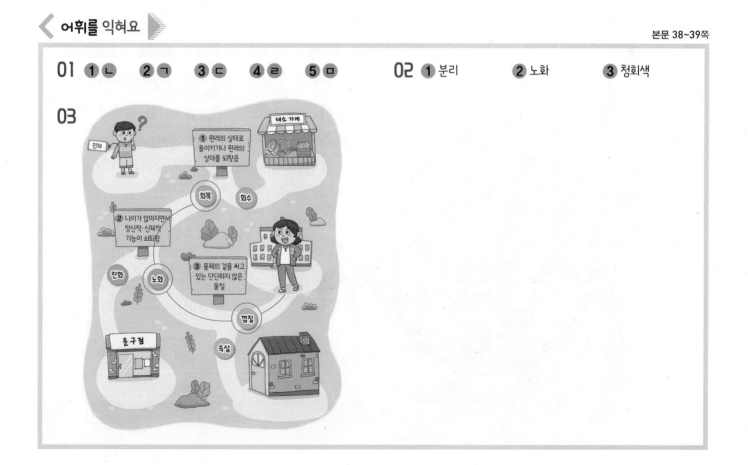

08 수박은 제철이 있다고요

코칭 **Tip** 이 글은 제철 채소나 제철 과일을 먹어야 하는 이유를 설명하고 있습니다. 비닐하우스에서 채소나 과일을 기를 때의 문제점을 찾고, 제철 채소나 제철 과일을 먹어야 하는 이유를 파악하며 글을 읽을 수 있도록 합니다.

◆ 수박이 여름에 가장 맛이 있는 이유를 알 수 있는 낱말을 찾아 색칠해요.
◆ 제철 채소나 제철 과일이 좋은 이유에 밑줄을 그어요.

1 안녕하세요. 나는 여름에 먹는 대표적인 음식, 수박이에요. 나는 아주 높은 온도를 좋아해요. 그래서 7~8월에 뜨거운 햇볕을 마음껏 받으며 맛있게 익지요. 그런데 요즘 사람들은 나를 사계절 내내 먹을 수 있다며 좋아해요. 나는 누가 뭐래도 여름이 제철인데 말이에요. 여름이 제철인 나를 어떻게 아무 때나 먹
중심 소재
을 수 있게 되었을까요?

▶ 여름이 제철인 수박

2 나를 다른 계절에도 맛보려면 비닐로 커다랗게 집을 짓고 키워야 해요. 비닐하우스 말이에요. 그런데 이렇게 나를 키우는 것은 여러 가지 문제점이 있어요. 먼저 이 비닐하우스를 만들 때 쓰는 비닐, 철근, 스티로폼은 모두 땅에 묻어도 썩지 않는 것들이에요. 그래서 환경에 좋지 않아요. 그리고 나를
비닐하우스 재배의 문제점 ①: 환경에 좋지 않음
기르려면 여름처럼 온도가 높아야 하기 때문에 비닐하우스 안을 뜨겁게 만들어야 해요. 그러려면 난
방비가 많이 들어요. 그래서 다른 계절에 파는 수박이 여름에 파는 수박보다 훨씬 비싸요. 그리고 무
비닐하우스 재배의 문제점 ②: 난방비가 많이 듦
엇보다 중요한 사실은 제철에, 햇볕을 받으며 자란 채소나 과일이 더 맛있
제철 채소나 제철 과일이 좋은 이유
고, 영양가도 높다는 것이에요. 이런데도 나를 여름에 먹지
않고 봄이나 겨울에 먹겠다고 할 건가요? 우리에게는
'제철'이 있다고요.

▶ 제철 채소나 제철 과일을 먹어야 하는 이유

글을 이해해요

☑ 자기 평가

본문 41쪽

01 (중심 날말 찾기)

| 여 | 름 | (제 | 철) | 사 | 계 | 절 | 비 | 닐 | 하 | 우 | 스 |

02 (내용 이해)

여름

03 (내용 이해) [예시 답안]

나는 6~8 월이
제철인 참외 을/를 제일
좋아해.

04 (중심 내용 쓰기)

비닐하우스에서 채소나 과일을 기르면 환경에 좋지 않고 난방비가 많이 들므로, 더 맛있고 영 양 가 도 높은 제 철 에 난 채소나 과일을 먹는 것이 좋다.

02 1문단에서 수박은 봄, 여름, 가을, 겨울 중 여름이 제철이라고 했어요.

03 제시된 표에서 좋아하는 과일이나 채소를 찾아요. 그 다음 고른 과일이나 채소가 표시된 달을 찾아요.

(이럴땐 이렇게!) 정답에 제시된 내용은 예시 답안이에요. 자신이 좋아하는 채소나 과일의 제철이 언제인지 알아보는 활동이에요. 제철을 정리한 표에 자신이 좋아하는 채소나 과일이 없다면 다른 자료를 참고하여 알아보세요.

04 이 글은 제철 채소나 제철 과일을 먹어야 하는 이유에 대해 설명하고 있어요. 그 이유를 중심으로 내용을 정리해 보세요.

어휘를 익혀요

본문 42~43쪽

01 ❶ ㄴ ❷ ㄹ ❸ ㅁ ❹ ㄷ ❺ ㄱ

02 ❶ 제철 ❷ 온도 ❸ 난방비

03

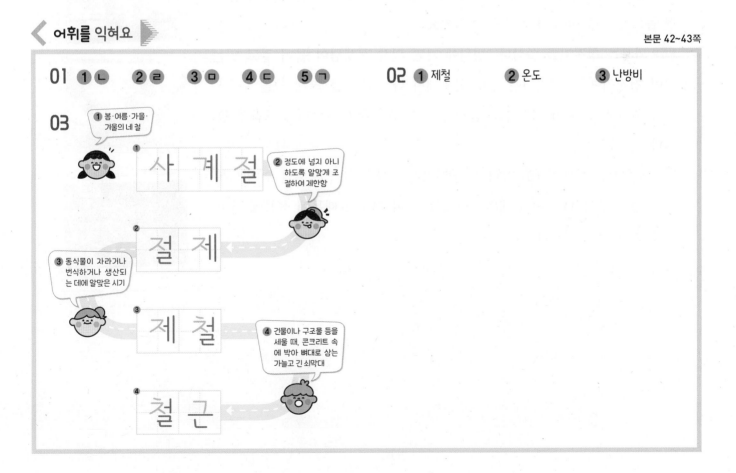

① 봄·여름·가을·겨울의 네 철

사 계 절

② 정도에 넘지 아니하도록 알맞게 조절하여 제한함

절 제

③ 동식물이 자라거나 번식하거나 생산되는 데에 알맞은 시기

제 철

④ 건물이나 구조물 등을 세울 때, 콘크리트 속에 박아 뼈대로 삼는 가늘고 긴 쇠막대

철 근

09 무엇을 가지고 일할까

> **코칭Tip** 이 글은 직업에 알맞은 도구를 사용하는 이유를 여러 직업에서 쓰는 도구의 예를 들어 설명하고 있습니다. 각 직업에 따라 필요한 도구가 무엇인지 또 어떤 기능을 하는지를 파악하며 글을 읽을 수 있도록 합니다.

◆ 일을 할 때 사용하는 것을 무엇이라고 하는지 해당하는 낱말을 찾아 색칠해요.

◆ 일을 할 때 도구를 사용하는 이유에 밑줄을 그어요.

1 직업에 따라 일을 할 때 꼭 사용하는 도구가 있습니다. 알맞은 도구를 쓰면 일을 빠르고 편하게
중심 소재 　　　　　　　　　　　　　　　　　　　　　　　　　　도구를 사용하는 이유
할 수 있기 때문이지요. 어떤 일을 할 때 무슨 도구를 쓰는지 알아볼까요?
　　　　　　　　　　　　　　　　　　　　　▶ 일을 할 때 도구를 사용하는 이유

2 경찰관은 수갑을 씁니다. 수갑은 범죄자의 양 손목을 채워 두는 도구
　　　　경찰관이 사용하는 도구　　　　　　　　　수갑의 기능
예요. 수갑은 단단한 쇠로 만들어졌고, 열쇠로만 열 수 있기 때문에 범죄자
가 함부로 풀고 도망갈 수 없지요.　　　　　　　▶ 경찰관이 쓰는 도구: 수갑

3 어부는 그물을 씁니다. 그물은 날짐승이나 물고기를 잡을 때 쓰는 도구
　　어부가 사용하는 도구　　　　　　　　　그물의 기능
예요. 그물은 끈을 성글게 엮어 만들어요. 그물의 구멍으로 물은 빠져나가
지만 물고기는 빠져나가지 못하고 갇히게 됩니다. 그래서 그물을 넓게 펼치
면 물고기를 한 번에 많이 잡을 수 있지요.　　　▶ 어부가 쓰는 도구: 그물

4 의사는 청진기를 씁니다. 병원에 가면 의사 선생님이 목에 걸고 있는
　　의사가 사용하는 도구
것이 청진기예요. 청진기는 우리 몸속에서 나는 소리를 크게 들을 수 있
　　　　　　　　　　　청진기의 기능
도록 해 주는 도구이지요. 우리 몸의 건강 상태를 확인하는 데에 도움이 됩
니다.　　　　　　　　　　　　　　　　　▶ 의사가 쓰는 도구: 청진기

5 정원사는 물뿌리개를 씁니다. 물뿌리개는 물을 골고루 뿌릴 수 있도록
　　정원사가 사용하는 도구　　　　　　　　물뿌리개의 기능
해 주는 도구이지요. 여러 개의 구멍으로 물이 퍼지기 때문에 식물에 골고
루 물을 줄 수 있답니다.　　　　　　　▶ 정원사가 쓰는 도구: 물뿌리개

글을 이해해요

☑ 자기 평가

본문 45쪽

01 (중심 낱말 찾기)

| 일 | 도 | 구 | 경 | 찰 | 관 | 물 | 뿌 | 리 | 개 |

("도 구" 가 묶여 있음)

02 (내용 이해)

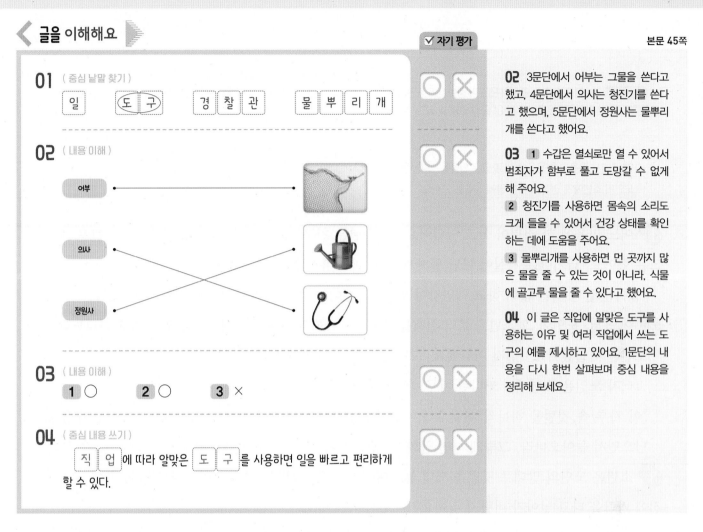

어부 ●━━━━━━━━━━━━━● (그물)

의사 ●━━━━━╲╱━━━━━● (물뿌리개)

정원사 ●━━━━━╱╲━━━━━● (청진기)

○ ✕

○ ✕

03 (내용 이해)

1 ○   **2** ○   **3** ✕

○ ✕

04 (중심 내용 쓰기)

| 직 | 업 | 에 따라 알맞은 | 도 | 구 | 를 사용하면 일을 빠르고 편리하게 할 수 있다.

○ ✕

02 3문단에서 어부는 그물을 쓴다고 했고, 4문단에서 의사는 청진기를 쓴다고 했으며, 5문단에서 정원사는 물뿌리개를 쓴다고 했어요.

03 **1** 수갑은 열쇠로만 열 수 있어서 범죄자가 함부로 풀고 도망갈 수 없게 해 주어요.
2 청진기를 사용하면 몸속의 소리도 크게 들을 수 있어서 건강 상태를 확인하는 데에 도움을 주어요.
3 물뿌리개를 사용하면 먼 곳까지 많은 물을 줄 수 있는 것이 아니라, 식물에 골고루 물을 줄 수 있다고 했어요.

04 이 글은 직업에 알맞은 도구를 사용하는 이유 및 여러 직업에서 쓰는 도구의 예를 제시하고 있어요. 1문단의 내용을 다시 한번 살펴보며 중심 내용을 정리해 보세요.

어휘를 익혀요

본문 46~47쪽

01 **1** ㄹ   **2** ㄱ   **3** ㅁ   **4** ㄷ   **5** ㄴ

02 **1** 범죄자   **2** 날짐승   **3** 정원사

03 (1)

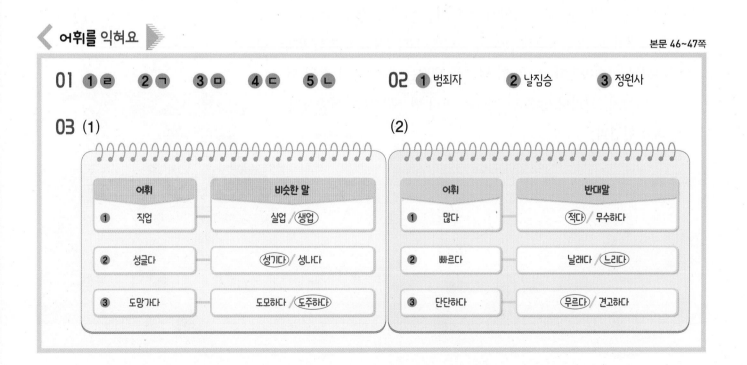

어휘	비슷한 말
1 직업	실업 / (생업)
2 성글다	(성기다) / 성나다
3 도망가다	도모하다 / (도주하다)

(2)

어휘	반대말
1 많다	(적다) / 무수하다
2 빠르다	날래다 / (느리다)
3 단단하다	(무르다) / 견고하다

23

10 바람을 타고 날아가 버린 말

본문 48쪽

> **코칭 Tip** 이 글은 신중한 말하기 태도의 중요성을 강조하는 이야기입니다. 소년의 말하기 태도에서 문제점을 파악하고, 노인이 소년에게 전하고자 한 말이 무엇인지 생각하며 글을 읽을 수 있도록 합니다.

◆ 이 글에서 잘못된 행동을 보이고 있는 인물을 찾아 색칠해요.

◆ 노인이 소년에게 전하고자 한 말에 밑줄을 그어요.

---

1 어느 마을에 한 소년이 살고 있었어요. 그 소년은 친구들의 험담을 늘어놓는 것으로 시간을 보내
_{중심인물} _{소년의 잘못된 행동: 남의 흉을 보는 것을 즐김}
고는 했어요. 급기야는 사실이 아닌 일까지 꾸며 내어 흉을 보며 즐거워했어요.

"동이는 잘난 척을 많이 하고 책임감이 없어.", "순이는 너무 느려서 보기만 해도 답답해."
▶ 남의 험담을 일삼는 소년

2 어느 날, 노인이 그 소년을 불러 질책을 했어요. "어째서 친구들에 대해 함부로 말하고 다니느냐?"
_{노인이 소년의 잘못을 지적함}
소년은 대답했어요. "별것 아니에요. 그냥 장난일 뿐인 걸요?"
_{소년은 자신의 잘못을 대수롭지 않게 생각함}
그러자 노인은 소년에게 커다란 자루 하나를 주며 말했어요.

『이 자루 속 깃털을 하나씩 꺼내 놓으며 집으로 가거라. 집에 도착하면 꺼내 놓은 것을 다시 주워
_{『 』: 노인이 소년에게 제안을 함}
담으면서 돌아오너라. 그렇게 하면 금화 한 닢을 주마.』 ▶ 자신의 잘못을 깨닫지 못하는 소년에게 노인이 제안을 함

3 소년은 노인의 말대로 깃털을 꺼내 놓으며 걸었어요. 그런데 뒤를 돌아보니 깃털이 땅에 닿기도
전에 바람을 타고 날아가 버렸지 뭐예요?

"앗, 깃털이 어디로 간 거지?" 소년은 울상이 되어 텅 빈 자루를 들고 노인에게 돌아왔어요.
_{노인의 제안을 실현하지 못한 소년이 낙담함}
"깃털이 여기저기로 다 날아가 버려 다시 담을 수가 없었어요." ▶ 소년이 깃털 줍기에 실패함
_{소년이 깃털을 다시 주워 담을 수 없었던 이유}

4 그러자 노인이 빙그레 웃으며 대답했어요. "사람이 하는 말도
깃털과 비슷하단다. 말은 입 밖으로 내뱉는 순간 다시 주워 담
_{말을 함부로 하지 않고 신중하게 해야 하는 이유}
기 어렵지. 그러니 말을 할 때에는 여러 번 생각하고 신중하게
_{노인이 소년에게 전하고자 한 말}
해야 한단다." ▶ 노인의 가르침

글을 이해해요

✓ 자기 평가   본문 49쪽

01 (인물 찾기)

동 이   소 녀   소 년   순 이

○ ✕

02 (내용 이해)

① ○ ✕

03 (내용 이해)

해준 ○ ✕

04 (중심 내용 쓰기)

말 은 한번 내뱉으면 다시 주워 담을 수 없으므로, 여러 번 생각하고 신 중 하게 말해야 한다.

○ ✕

02 소년은 친구들의 험담을 늘어놓고, 급기야 사실이 아닌 일까지 꾸며 말하기도 했어요. 노인은 친구들에 대해 함부로 말하는 소년의 행동을 질책하고 있어요.

(오답 풀이)

② 2문단에서 노인은 소년을 질책하였으나 소년이 자신의 잘못을 깨닫지 못했어요. 그래서 노인은 소년에게 깨달음을 주고자 깃털을 주워 오도록 시켰어요.

③ 소년이 친구들에게 잘난 척을 많이 했는지는 알 수 없어요.

03 소년은 깃털을 주우려고 했으나 깃털이 땅에 닿기도 전에 바람을 타고 모두 날아가 버려 깃털을 주울 수가 없었어요. 그래서 소년은 텅 빈 자루를 들고 울상이 된 채 노인에게 돌아오게 되었어요.

04 이 글에서 노인은 말을 함부로 하는 소년의 잘못된 행동을 질책하고 있어요. 소년의 이야기를 통해 말은 한번 내뱉으면 다시 주워 담을 수 없기 때문에 신중하게 해야 한다는 깨달음을 전하고 있어요.

어휘를 익혀요

본문 50~51쪽

01 ❶ ㄷ   ❷ ㄱ   ❸ ㄴ   ❹ ㄹ   ❺ ㅁ

02 ❶ 질책   ❷ 신중   ❸ 험담

03

❶ 꾸짖어 나무람 — 질문 / ✓질책

❷ 남의 흠을 잡아 나쁘게 말함 — 미담 / ✓험담

❸ 맡아서 해야 할 임무나 의무를 중히 여기는 마음 — 자신감 / ✓책임감

❹ 마음에 내키지 아니하거나 못마땅한 어조로 불쑥 말하다. — 내밀다 / ✓내뱉다

❺ 속에 물건을 담을 수 있도록 헝겊 따위로 길고 크게 만든 주머니 — 자락 / ✓자루

11 임금님 귀는 당나귀 귀

코칭Tip 이 글은 당나귀 귀를 가진 임금님과 임금님의 비밀을 알고 있는 모자 만드는 사람의 이야기입니다. 어떤 일이 일어났는지 이야기의 순서를 파악하며 글을 읽을 수 있도록 합니다.

◆ 이 글은 누구와 누구에 대한 이야기인지 그 인물을 찾아 색칠해요.
◆ 모자 만드는 사람이 외친 임금님의 비밀에 밑줄을 그어요.

1 옛날 옛날에 남들보다 몇 배나 높은 모자를 쓰는 <u>임금님</u>이 있었어요. 임금님은 밥을 먹을 때도 잠
_{중심인물}
을 잘 때도 절대 모자를 벗는 법이 없었지요. 사실 임금님에게는 누구에게도 말하지 못한 비밀
이 있었어요. 언젠가부터 귀가 점점 자라나더니 당나귀 귀같이 커져 버린 거예요. 임금님은 너
_{임금님의 비밀}
무 창피해서 큰 귀를 감추고 싶었지요. 그래서 귀를 감출 수 있는 높은 모자를 쓰게 된 거예요.
_{임금님이 높은 모자를 쓰는 이유}
▶ 임금님은 큰 귀를 감추기 위해 높은 모자를 씀

2 임금님이 모자를 벗은 모습을 본 사람은 아
무도 없었어요. 딱 한 명, <u>모자 만드는 사람</u> 빼고
_{중심인물}
는요. 모자가 낡으면 머리의 크기를 재고 모자를
새로 만들어야 했기 때문에 모자 만드는 사람에게는 임금님의 귀를 보여 줄 수밖에 없었어요. 임금님은
모자 만드는 사람을 만날 때마다 이렇게 말했어요. "내 비밀을 누구에게도 말하면 안 된다. 이 비밀이
새어 나가면 너에게 큰 벌을 내릴 것이다."
_{임금님이 모자 만드는 사람에게 자신의 비밀에 대해 말하지 말 것을 명령함}
▶ 임금님은 모자 만드는 사람에게 자신의 비밀에 대해 말하지 않도록 명령함

3 모자 만드는 사람은 임금님의 비밀을 말하고 싶어서 **몸살이 날** 지경이었어요.
_{(관용구) 몸살이 나다: 어떤 일을 하고 싶어 안달이 나서 못 견디다.}
그러다 결국은 병이 났지요. 모자 만드는 사람은 거의 죽을 때에 이르러서야
대나무 숲으로 들어가 있는 힘껏 소리쳤어요. "우리 임금님 귀는
당나귀 귀! 임금님 귀는 당나귀 귀!" 이렇게 외치고 나자 모자 만
_{대나무 숲에서 임금님의 비밀을 외침}
드는 사람은 속이 다 후련해져서 마음 편히 세상을 떠났어요.
▶ 모자 만드는 사람은 죽기 전에 대나무 숲에서 임금님의 비밀을 외침

4 그런데 그 뒤부터 바람이 불 때마다 대나무 숲에서 "우리
임금님 귀는 당나귀 귀!"라는 목소리가 들려왔대요. 비밀을 속 시
원히 말하고 싶었던 모자 만드는 사람의 간절
한 마음이 남아서가 아닐까요?
▶ 바람이 불 때마다 대나무 숲에서 목소리가 들려옴

글을 이해해요

☑ 자기 평가   본문 57쪽

01 (인물 찾기)

임금님과 신하   임금님과 당나귀   **임금님과 모자 만드는 사람**

◯ ✕

02 (내용 이해)

1 모자   **2** 당나귀   **3** 대나무 숲

◯ ✕

03 (내용 이해)

4	대나무 숲에 바람이 불 때마다 "임금님 귀는 당나귀 귀!"라는 소리가 들려왔어요.
3	모자 만드는 사람이 대나무 숲에 가서 "우리 임금님 귀는 당나귀 귀!"라고 외쳤어요.
1	어느 날부터 임금님의 귀가 갑자기 커졌어요.
2	모자 만드는 사람은 임금님의 귀를 봤지만 비밀을 지켜야 했어요.

◯ ✕

04 (중심 내용 쓰기)

모자 만드는 사람이 대나무 숲에서 임금님의 비 밀 을 외친 후부터 바람이 불 때마다 " 임 금 님 귀는 당나귀 귀!"라는 목소리가 들려왔다.

◯ ✕

02 **1**, **2** 임금님은 귀가 당나귀 귀같이 커져 버린 비밀을 감추기 위해 높은 모자를 썼어요.

3 모자 만드는 사람은 임금님의 비밀을 말하고 싶어서 병이 났고, 죽기 전에 대나무 숲에서 비밀을 외쳤어요.

03 이야기의 순서를 묻는 문제가 나오면, 일어난 일의 원인과 결과를 생각해 보세요. 임금님이 귀가 커졌기 때문에 모자로 감춰야 했어요. 그래서 모자 만드는 사람이 임금님의 비밀을 알게 되었어요. 그리고 그 비밀을 지키는 것이 답답해서 대나무 숲에 가서 비밀을 외쳤어요. 그 때문에 대나무 숲에서 소리가 나기 시작한 것이지요.

04 이 글은 귀가 당나귀 귀처럼 커진 임금님과 대나무 숲에서 임금님의 비밀을 외친 모자 만드는 사람의 이야기입니다. 이야기의 내용을 떠올려 보며 중심 내용을 정리해 보세요.

어휘를 익혀요

본문 58~59쪽

01 **1** ㄷ **2** ㄴ **3** ㄹ **4** ㅁ **5** ㄱ   **02** **1** 감추 **2** 훈련 **3** 지경

03

27

12 안전띠를 안전하게 매요

코칭 Tip 이 글은 안전띠를 매야 하는 이유와 올바르게 매는 방법을 설명하고 있습니다. 안전띠를 맬 때 주의할 점이 무엇인지 생각해 보며 글을 읽을 수 있도록 합니다.

◆ 이 글에서 설명하고 있는 대상이 무엇인지 해당하는 낱말을 찾아 색칠해요.

◆ 안전띠를 올바르게 매는 방법에 밑줄을 그어요.

---

1 안전띠를 왜 매야 할까요? 안전띠는 자동차나 비행기 등에서 충격으로부터 보호하기 위하여 사
　　　중심 소재　　　　　　　　　　　　　　　　　　　　　　　안전띠의 역할
람의 몸을 좌석에 고정해 주는 역할을 합니다. 그래서 사고가 났을 때 머리가 딱딱한 곳에 부딪히거
　　　　　　　　　　　　　　　　　　　　　　　　안전띠는 사고 시 심각하게 다치는 것을 막아 줌
나 몸이 밖으로 튕겨 나가는 것을 막아 줍니다. 따라서 안전띠를 매면 사고가 나더라도 사망하거나

심각하게 다치는 것을 피할 수 있어요.　　　　　　　　　　　　　　　　　▶ 안전띠를 매야 하는 이유

2 그러나 안전띠를 잘못 매면 안전띠가 제 역할을 하지 못해요. 안전띠는 사고가 일어났을 때 몸을
　　　　　　　　안전띠를 올바르게 매야 하는 이유
최대한 보호할 수 있도록 올바르게 착용해야 합니다. 자동차에 타서 안전띠를 맬 때에는 먼저 똑바로

앉고, 안전띠와 가슴 사이에 주먹 하나가 들어갈 정도로 띠를 당겨야 합니다. 이때 안전띠가 꼬이지
　　　　　　　　　　　　　　　　　　　안전띠를 올바르게 매는 방법
않았는지 확인해야 해요. 그리고 어깨띠는 어깨 가운데를 지나도록, 허리띠는 골반뼈를 가로지르도

록 매야 합니다. 왜냐하면 사고가 났을 때 안전띠가 우리 몸을 누르는 힘은 몸무게의 20~50배나 되

는데, 단단한 골반뼈만이 그렇게 큰 힘을 견딜 수 있기 때문입니다. 안전띠를 배 위에 적당히 걸쳐 매

면 사고가 났을 때 내장을 크게 다칠 수 있어요.　　　　　　　　　　▶ 안전띠를 올바르게 매는 방법

글을 이해해요

✓ 자기 평가

본문 61쪽

01 (중심 낱말 찾기)

차 | 보 호 | (안 전 띠) | 교 통 사 고

○ ✕

02 (내용 이해)
②

○ ✕

03 (내용 이해)

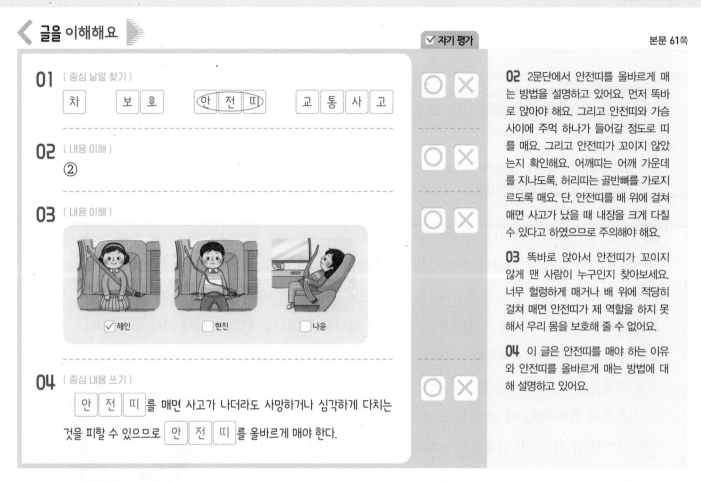

✓해인 ☐현진 ☐나윤

○ ✕

04 (중심 내용 쓰기)

안 전 띠 를 매면 사고가 나더라도 사망하거나 심각하게 다치는
것을 피할 수 있으므로 안 전 띠 를 올바르게 매야 한다.

○ ✕

02 2문단에서 안전띠를 올바르게 매는 방법을 설명하고 있어요. 먼저 똑바로 앉아야 해요. 그리고 안전띠와 가슴 사이에 주먹 하나가 들어갈 정도로 띠를 매요. 그리고 안전띠가 꼬이지 않았는지 확인해요. 어깨띠는 어깨 가운데를 지나도록, 허리띠는 골반뼈를 가로지르도록 매요. 단, 안전띠를 배 위에 걸쳐 매면 사고가 났을 때 내장을 크게 다칠 수 있다고 하였으므로 주의해야 해요.

03 똑바로 앉아서 안전띠가 꼬이지 않게 맨 사람이 누구인지 찾아보세요. 너무 헐렁하게 매거나 배 위에 적당히 걸쳐 매면 안전띠가 제 역할을 하지 못해서 우리 몸을 보호해 줄 수 없어요.

04 이 글은 안전띠를 매야 하는 이유와 안전띠를 올바르게 매는 방법에 대해 설명하고 있어요.

어휘를 익혀요

본문 62~63쪽

01 ❶ ㄹ ❷ ㄱ ❸ ㅁ ❹ ㄴ ❺ ㄷ

02 ❶ 고정 ❷ 좌석 ❸ 사망

03

피	소	스	불	순
함	여	폐	교	직
안	전	띠	통	상
하	말	귀	사	망
다	자	기	고	정

❶ 사람이 죽는 것
사 망

❷ 무엇을 움직이지 못하도록 한 곳에 붙이거나 박아 놓음
고 정

❸ 차와 차가 부딪치거나, 차가 사람을 치거나 하여 일어나는 사고
교 통 사 고

❹ 자동차나 비행기 등에서 사고가 났을 때, 충격을 조금이라도 줄이기 위해 사람을 좌석에 고정시키는 띠
안 전 띠

13 신호등을 알아봐요

코칭 Tip 이 글은 신호등의 빨간불과 초록불이 지닌 의미에 대해 설명하고 있습니다. 신호등에서 빨간색과 초록색의 의미를 이해하고, 초록불이 깜박일 때의 행동 요령을 파악하며 글을 읽을 수 있도록 합니다.

◆ 도로에서, 차와 사람에게 색깔로 지시하는 장치를 찾아 색칠해요.

◆ 신호등에서 빨간색과 초록색의 의미에 각각 밑줄을 그어요.

---

1 저는 횡단보도 옆에 사는 신호등입니다. 빨간불과 초록불을 번갈아 켜서, 길을 건너는 사람들을
중심 소재
안전하게 지켜 주지요. 그런데 왜 빨간불과 초록불을 켤까요? ▶ 신호등의 색깔에 대한 궁금증 제시

2 빨간색은 위험과 경고를 뜻하고, 멀리서도 잘 보이는 색이에요. 그래서 "차가 다니니 멈춰 서세
신호등에서 빨간색의 의미
요."라는 경고의 의미를 잘 보여 주죠. 만약 제가 빨간불을 켠다면 인도에 서서 기다려야 해요.
▶ 신호등에서 빨간색의 의미

3 반대로 초록색에는 허용의 의미가 있어서 "길을 건너세요."라는 신
호로 사용합니다. 초록색은 빨간색과 가장 대비가 되는 색이에요. 그래
신호등에서 초록색의 의미
서 신호등의 색이 바뀔 때 눈에 잘 뜨이죠. ▶ 신호등에서 초록색의 의미

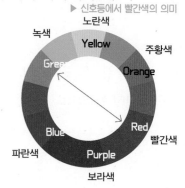

4 여기서 한 가지 더! 신호등이 초록불이라고 해서 무조건 길을 건널
수 있는 것은 아니에요. 초록불이 깜박이는 것은 이제 곧 빨간불로 바뀐
초록불이 깜박이는 것의 의미
다는 뜻이에요. 그러므로 횡단보도를 건너려고 할 때 신호등에 초록불
초록불이 깜박일 때의 행동 요령 ①
이 깜박이면 횡단보도를 건너지 말고 다음 신호를 기다려야 해요. 만약
횡단보도를 건너고 있는 도중에 초록불이 깜박이는 신호로 바
초록불이 깜박일 때의 행동 요령 ②
뀐다면 서둘러 건너가야 해요. ▶ 초록불이 깜박일 때의 의미와 행동 요령

글을 이해해요

☑ 자기 평가   본문 65쪽

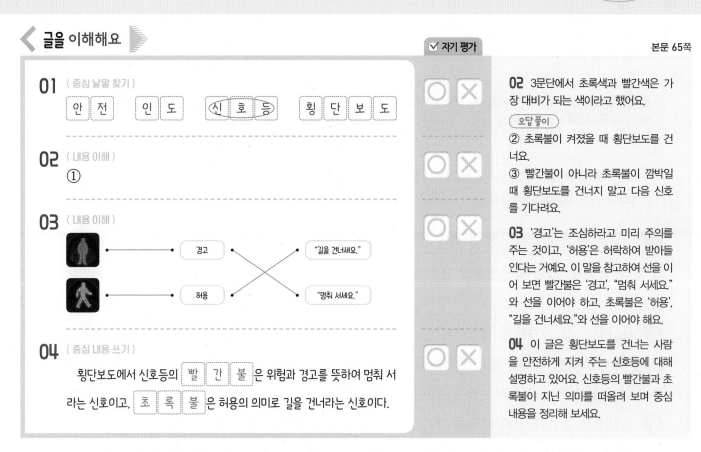

01 (중심 낱말 찾기)

안 전   인 도   **신 호 등**   횡 단 보 도   ○ ✕

02 (내용 이해)

① ○ ✕

03 (내용 이해)

경고 ─── "길을 건너세요."

허용 ─── "멈춰 서세요."

○ ✕

04 (중심 내용 쓰기)

횡단보도에서 신호등의 **빨 간 불** 은 위험과 경고를 뜻하여 멈춰 서
라는 신호이고, **초 록 불** 은 허용의 의미로 길을 건너라는 신호이다.

○ ✕

02 3문단에서 초록색과 빨간색은 가
장 대비가 되는 색이라고 했어요.

(오답풀이)

② 초록불이 켜졌을 때 횡단보도를 건
너요.

③ 빨간불이 아니라 초록불이 깜박일
때 횡단보도를 건너지 말고 다음 신호
를 기다려요.

03 '경고'는 조심하라고 미리 주의를
주는 것이고, '허용'은 허락하여 받아들
인다는 거예요. 이 말을 참고하여 선을 이
어 보면 빨간불은 '경고', "멈춰 서세요."
와 선을 이어야 하고, 초록불은 '허용',
"길을 건너세요."와 선을 이어야 해요.

04 이 글은 횡단보도를 건너는 사람
을 안전하게 지켜 주는 신호등에 대해
설명하고 있어요. 신호등의 빨간불과 초
록불이 지닌 의미를 떠올려 보며 중심
내용을 정리해 보세요.

어휘를 익혀요

본문 66~67쪽

01 ❶ ㄷ   ❷ ㄹ   ❸ ㄱ   ❹ ㄴ   ❺ ㅁ   **02** ❶ 인도   ❷ 대비   ❸ 허용

03

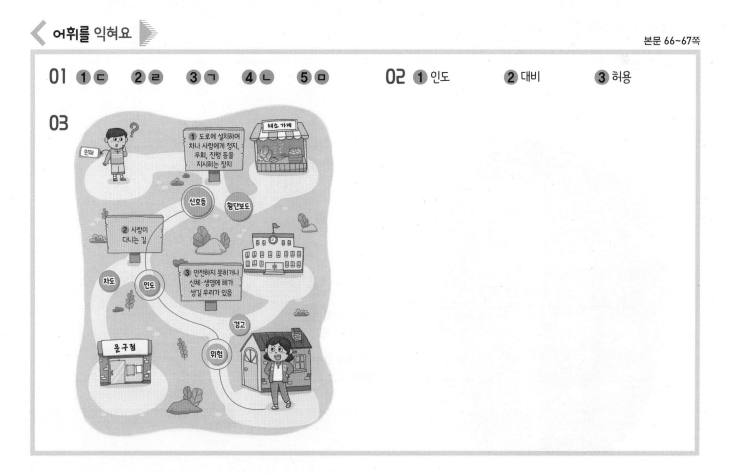

14 물이 없어도 괜찮아

> 코칭 Tip 이 글은 선인장의 특성에 대해 설명하고 있습니다. 선인장의 생김새와 서식지, 선인장이 물 없이 오랫동안 살 수 있는 이유 등을 파악하며 글을 읽을 수 있도록 합니다.

◆ 어떤 식물에 대해 설명하고 있는지 그 식물의 이름을 찾아 색칠해요.

◆ 선인장이 물이 없어도 오랫동안 살아남을 수 있는 이유에 밑줄을 그어요.

1 식물이 살기 위해서는 흙과 햇빛, 그리고 물이 꼭 필요합니다. 대부분의 식물은 물이 없으면 금
_{식물이 살기 위해 필요한 조건}
방 말라 죽어요. 그런데 오랫동안 물을 주지 않아도 잘 살 수 있는 식물이 있습니다. 바로 선인장입
_{선인장의 특성}   _{중심 소재}
니다.
                                                                                        ▶ 물이 부족해도 잘 사는 선인장

2 선인장은 참 신기하게 생겼습니다. 줄기가 마치 애벌레처럼 올록볼록하고 아주 굵습니다. 그리
                                                                                        _{선인장의 생김새}
고 잎 대신 뾰족한 가시가 많이 달렸습니다. 선인장은 주로 사막에서 자라는데, 이 신기한 생김새 덕
                                        _{선인장의 서식지}
분에 물이 부족한 사막에서도 잘 살 수 있는 것입니다.
                                                                                        ▶ 선인장의 생김새와 서식지

3 선인장은 줄기가 굵기 때문에 다른 식물보다 줄기에 훨씬 많은 물을 저장할 수 있습니다. 또한
                        _{선인장이 물이 없어도 오랫동안 살아남을 수 있는 이유}
잎이 가시로 변했기 때문에 다른 식물처럼 저장한 물이 잎을 통해 공기 중으로 날아가지 않지요. 그
래서 선인장은 물이 없어도 오랫동안 살아남을 수 있는 것이랍니다.   ▶ 선인장이 물 없이 오랫동안 살 수 있는 이유

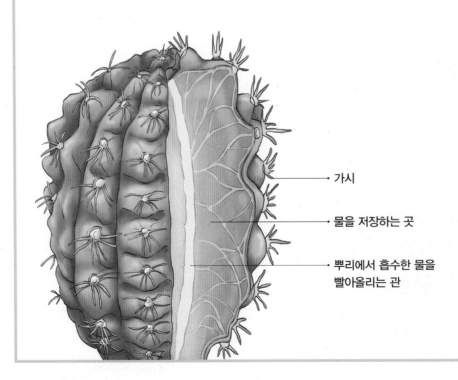

- 가시

- 물을 저장하는 곳

- 뿌리에서 흡수한 물을
  빨아올리는 관

글을 이해해요

☑ 자기 평가

본문 69쪽

01 (중심 낱말 찾기)

| 사 | 막 | | 식 | 물 | | **선** | **인** | **장** | | 애 | 벌 | 레 |

(정답: 선인장)

○ ✕

02 (내용 이해)
③

○ ✕

03 (내용 이해)

❶ 잎   ❷ 가시
❸ 줄기   ❹ 사막

○ ✕

04 (중심 내용 쓰기)

선인장은 줄기가 굵어 많은 물을 저 장 할 수 있고, 잎이 가 시 로

변하여 물이 잎을 통해 날아가지 않아서 물 이 없어도 오랫동안 살 수 있다.

○ ✕

02 2문단에서 선인장은 잎 대신 뾰족한 가시가 많이 달려 있다고 했어요.

(오답 풀이)
① 선인장은 잎이 가시로 변했다고 했어요.
② 선인장은 줄기가 굵어서 많은 물을 저장할 수 있다고 했어요.

03 선인장이 어떻게 생겼는지 또 어떤 곳에서 잘 자란다고 했는지 떠올리며 빈칸을 채워 보세요. 그리고 그 내용을 바탕으로 나만의 선인장을 그려 보세요.

04 이 글은 선인장의 생김새와 특성을 설명하고 있어요. 선인장이 오랫동안 물을 주지 않아도 잘 살 수 있는 이유를 파악하며 중심 내용을 정리해 보세요.

어휘를 익혀요

본문 70~71쪽

01 ❶ ㄹ   ❷ ㄱ   ❸ ㅁ   ❹ ㄴ   ❺ ㄷ

02 ❶ 덕분   ❷ 사막   ❸ 울룩불룩

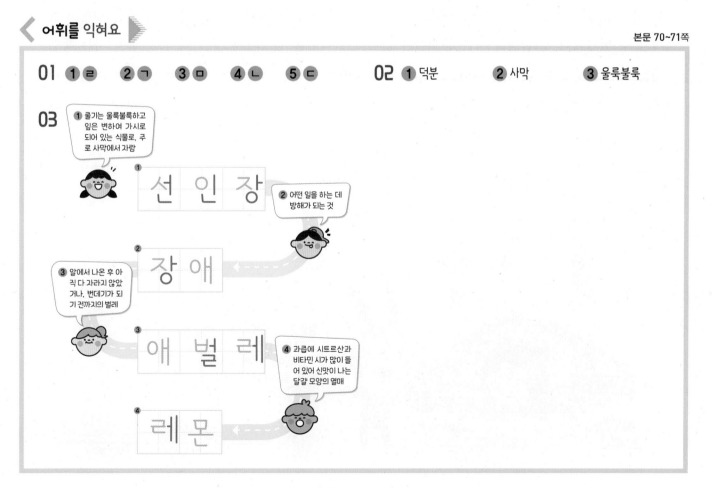

03

❶ 줄기는 울룩불룩하고 잎은 변하여 가시로 되어 있는 식물로, 주로 사막에서 자람 → 선 인 장

❷ 어떤 일을 하는 데 방해가 되는 것 → 장 애

❸ 알에서 나온 후 아직 다 자라지 않았거나, 번데기가 되기 전까지의 벌레 → 애 벌 레

❹ 과즙에 시트르산과 비타민 시가 많이 들어 있어 신맛이 나는 달걀 모양의 열매 → 레 몬

15 곰은 겨울에 잠을 잔대요

코칭 Tip 이 글은 겨울을 이겨 내기 위한 동물들의 비법 중 겨울잠에 대해 설명하고 있습니다. 동물들이 겨울잠을 자는 이유를 살펴보며 글을 읽을 수 있도록 합니다.

◆ 곰이 겨울을 이겨 내는 방법을 찾아 색칠해요.

◆ 동물들이 겨울잠을 자는 이유에 밑줄을 그어요.

1 겨울이 되면 너무 추워서 우리도 밖에 자주 나가지 않지요? 식물과 동물에게도 겨울은 매우 힘든 계절이랍니다. 한겨울의 추위에 식물은 얼어붙고, 작은 동물은 추위를 피하기 위해 많이 움직이지 않아요. 그래서 식물과 작은 동물을 먹고 사는 여러 동물도 먹이를 구하기가 힘들어져요.

▶ 동식물에게 힘든 계절인 겨울

2 그렇다면 이 혹독한 겨울을 동물들은 어떻게 이겨 낼까요? 동물들은 겨울을 이겨 내기 위해 다양한 비법을 가지고 있어요. 잠을 자는 것도 그중 하나지요. 곰, 뱀, 다람쥐, 거북이 등은 겨울잠을 자요.
겨울잠을 자는 동물들   중심 소재

겨울잠을 자면 움직이지 않아 에너지를 조금만 쓰기 때문에 배가 고프지 않아요. 또한 체온도 유
동물들이 겨울잠을 자는 이유

지할 수 있답니다. 겨울잠을 자는 동물들은 늦가을에 먹이를 엄청나게 많이 먹어요. 잠을 자는 동안
겨울잠을 자는 동물이 늦가을에 하는 활동

에는 먹이를 구할 수 없기 때문이에요. 그리고 겨울이 되면 동굴이나 땅속 등 추위를 피할 수 있는 곳에 들어가서 잠을 자며 추운 겨울을 이겨 내요.

▶ 겨울잠을 자며 겨울을 이겨 내는 동물들

글을 이해해요

☑ 자기 평가

본문 73쪽

01 (중심 낱말 찾기)

| 겨 | 울 | | 동 | 물 | | 먹 | 이 | | (겨 | 울 | 잠) |

○ ✕

02 (내용 이해)

토끼

○ ✕

03 (내용 이해)

①, ②

○ ✕

04 (내용 이해)

❶ 곰은 늦가을에

　ㄱ 쫄쫄 굶는다. ☐
　ㄴ 먹이를 많이 먹는다. ☑

❷ 곰은 겨울이 되면

　ㄱ 오래 잠을 잔다. ☑
　ㄴ 따뜻한 곳으로 이사한다. ☐

○ ✕

05 (중심 내용 쓰기)

| 겨 | 울 | 잠 | 을 자며 | 에 | 너 | 지 | 를 조금만 쓰고 | 체 | 온 | 을
유지하여 추운 겨울을 이겨 내는 동물들이 있다.

○ ✕

02 2문단을 보면 곰, 뱀, 다람쥐, 거북이가 겨울잠을 자는 동물임을 알 수 있어요. 그리고 글의 아래 그림에서 토끼는 겨울잠을 자지 않는다고 말을 하고 있어요.

03 겨울이 되면 춥고, 먹이를 구하기도 힘들어진다는 점을 떠올리면 답이 보일 거예요. 2문단을 보면 동물이 겨울잠을 자면 움직이지 않아 에너지를 조금만 쓰기 때문에 배가 고프지 않고, 체온도 유지할 수 있다고 했어요.

04 곰은 겨울을 이겨 내기 위해 겨울잠을 잔다고 했어요. 그런데 자는 동안에는 먹이를 먹을 수 없겠죠? 그러니 잠을 자기 전 늦가을에는 먹이를 충분히 먹어 둬야 해요.

05 추운 겨울을 이겨 내기 위해 동물들은 다양한 비법을 지니고 있는데, 그중 겨울잠을 자는 동물들에 대해 설명하고 있는 글이에요. 동물들이 겨울잠을 자는 이유를 생각하며 중심 내용을 정리해 보세요.

어휘를 익혀요

본문 74~75쪽

01 ❶ ㄹ　❷ ㄷ　❸ ㄴ　❹ ㅁ　❺ ㄱ

02 ❶ 혹독　❷ 늦가을　❸ 유지

03 (1)

어휘	비슷한 말
❶ 잠	수고 /(수면)
❷ 비법	(비결)/ 비축
❸ 혹독하다	가련하다 /(가혹하다)

(2)

어휘	반대말
❶ 얼다	굳다 /(녹다)
❷ 추위	(더위)/ 바위
❸ 늦가을	(초가을)/ 한겨울

16 길에서 개를 만나면

코칭Tip 이 글은 개에게 물리는 사고를 예방하기 위해 지켜야 할 행동을 알아보기 위해 전문가와 면담한 내용입니다. 개를 만났을 때 주의해야 할 점과 개를 기르는 주인의 입장에서 주의해야 할 점이 무엇인지 정리하며 글을 읽을 수 있도록 합니다.

◆ 이 글은 무엇에 대한 주의점을 알려 주고 있는지 그 대상을 찾아 색칠해요.
◆ 개에게 물리는 사고를 예방하기 위해 주의할 점 세 가지에 밑줄을 그어요.

1 **진행자:** 오늘은 개에게 물리는 사고를 예방하기 위해 수의사 선생님을 모시고 이야기를 나누겠
_{중심 소재} _{면담의 목적}
습니다. 안녕하세요, 선생님. 많은 어린이들이 개를 좋은 친구라고 생각하는데요. 개를 만났을 때
조심해야 할 점이 있다고요?

수의사: 맞습니다. 몇몇 어린이들은 처음 본 개에게 다가가 개를 만지며 친근감을 표시하는데, 이는
매우 위험한 행동입니다. 개는 낯선 사람을 만나면 갑자기 물 수 있으므로, 모르는 개에게는 되도
_{개에게 물리는 사고를 예방하기 위한 주의점 ①}
록 다가가지 않는 것이 좋습니다. 특히 개가 음식을 먹고 있거나 새끼와 같이 있을 때에는 예민하
므로 더 조심해야 합니다. ▶ 개를 만났을 때 주의할 점

2 **진행자:** 그렇군요. 그렇다면 길에서 혼자 있을 때 사나운 개와 마주치면 어떻게 해야 할까요?

수의사: 공격적인 태도를 보이는 개를 만난 경우, 개와 눈을 마주치지 말고 조용히 뒷걸음질해서 안전
_{개에게 물리는 사고를 예방하기 위한 주의점 ②}
한 길로 돌아가야 합니다. 무섭다고 크게 소리를 지르거나 급히 달아나면 절대 안 됩니다. 이런 행
동은 오히려 개의 공격성을 자극할 수 있어요. 겁을 먹어 주저앉으면 개가 공격할 확률은 더욱 높
아져요. ▶ 사나운 개와 마주쳤을 때 주의할 점

3 **진행자:** 개를 기르는 주인의 입장에서도 주의할 점이 있겠죠?

수의사: 물론입니다. 개와 외출할 때에는 개에게 목줄과 입마개 등을 채워 개가 사람을 물지 않도록
_{개에게 물리는 사고를 예방하기 위한 주의점 ③}
해야 합니다. ▶ 개와 외출할 때 주인이 주의할 점

4 **진행자:** 오늘 알려 주신 내용 덕분에 어린이들이 더욱 안전하게 생활할 수
있을 것입니다. 좋은 말씀 들려주셔서 감사합니다. ▶ 면담자에 대한 감사의 인사 및 면담 종료

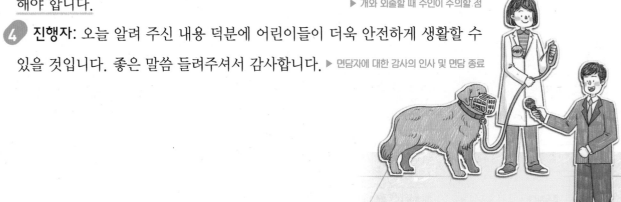

글을 이해해요

☑ 자기 평가

본문 81쪽

01 (중심 낱말 찾기)

| 개 | 수 의 사 | 어 린 이 | 진 행 자 |

○ ✕

02 (내용 이해)

나윤

○ ✕

03 (내용 이해)

ㄴ

○ ✕

04 (중심 내용 쓰기)

　　모르는 개에게는 되도록 다가가지 않도록 하고, 특히 공격적인 태도를 보이는 개를 만나면 눈을 마주치지 말고 안 전 한 길로 돌아간다. 개의 주인은 외출할 때 개에게 목 줄 과 입마개를 채워 개가 사람을 무는 사고를 예방한다.

○ ✕

02 수의사 선생님이 개는 낯선 사람을 만나면 갑자기 물 수도 있다고 했어요. 따라서 모르는 개에게는 되도록 다가가지 않는 것이 좋아요.

03 길에서 공격적인 태도를 보이는 개를 만났을 경우에는 개와 눈을 마주치지 말고 조용히 뒷걸음질해서 안전한 길로 돌아가야 해요.

04 이 글은 개에게 물리는 사고를 예방하기 위해 주의할 점에 대해 설명하고 있어요. 길에서 개를 만난 사람이 주의해야 할 점과 개의 주인이 주의해야 할 점이 무엇인지 파악하여 중심 내용을 정리해 보세요.

어휘를 익혀요

본문 82~83쪽

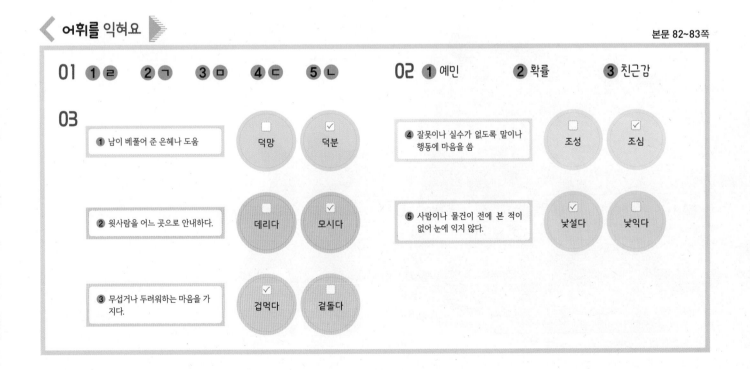

01 ❶ ㄹ ❷ ㄱ ❸ ㅁ ❹ ㄷ ❺ ㄴ 　　**02** ❶ 예민 ❷ 확률 ❸ 친근감

03

❶ 남이 베풀어 준 은혜나 도움 — 덕망 ☐ / 덕분 ☑

❷ 윗사람을 어느 곳으로 안내하다. — 데리다 ☐ / 모시다 ☑

❸ 무섭거나 두려워하는 마음을 가지다. — 겁먹다 ☑ / 겉돌다 ☐

❹ 잘못이나 실수가 없도록 말이나 행동에 마음을 씀 — 조성 ☐ / 조심 ☑

❺ 사람이나 물건이 전에 본 적이 없어 눈에 익지 않다. — 낯설다 ☑ / 낯익다 ☐

17 진흙 속으로 풍덩

코칭 Tip 이 글은 보령에서 열리는 머드 축제의 정보를 소개하는 신문 기사입니다. 신문 기사에서 일정과 장소 등 머드 축제에 관한 정보를 확인하며 읽을 수 있도록 합니다.

◆ 이 신문 기사에서 알리고 있는 것이 무엇인지 그 대상을 찾아 색칠해요.

◆ 축제가 열리는 날짜와 장소에 밑줄을 그어요.

보령 머드 축제에 풍덩 빠져 보세요

❶ 올해 7월 19일부터 28일까지 충청남도 보령에 있는 대천 해수욕장에서 머드 축제가
<small>축제가 열리는 날짜와 장소에 관한 정보</small>
열린다. '머드'는 진흙을 의미한다. 해마다 여름이 되면 보령 머드 축제에서 바다 진흙으로
<small>중심 소재</small>
다양한 경험을 할 수 있다.
▶ 보령 머드 축제의 일정 및 장소 소개

❷ 보령 머드 축제에는 어린이부터 어른까지 모든 사람이 즐길 수 있는 다양한 시설과 프
로그램이 가득하다. 대형 머드탕에서 꼬리잡기 놀이나 축구 같은 게임을 할 수 있으며, 어
<small>머드 축제의 다양한 시설</small>
린이들은 공기를 채워 만든 대형 미끄럼틀에서 안전하게 놀 수 있다. 색색의 머드를 얼굴에
바르는 페이스 페인팅이나 머드 마사지를 체험할 수도 있다. 또한 저녁에는 가수들의 공연
<small>머드 축제에 준비된 프로그램</small>
도 볼 수 있다.
▶ 보령 머드 축제의 시설과 프로그램 소개

❸ 보령 머드 축제에 대한 자세한 내용과 행사 일정이 궁금하다면, '보령 축제 관광 재단'
의 홈페이지에서 정보를 얻을 수 있다.
▶ 보령 머드 축제에 대한 정보를 얻을 수 있는 곳 안내

글을 이해해요

☑ 자기 평가

본문 85쪽

01 (중심 낱말 찾기)

| 대천 해수욕장 | (보령 머드 축제) | 페이스 페인팅 |

○ ✕

02 (내용 이해)

②

○ ✕

03 (내용 이해)

①

○ ✕

04 (내용 이해)

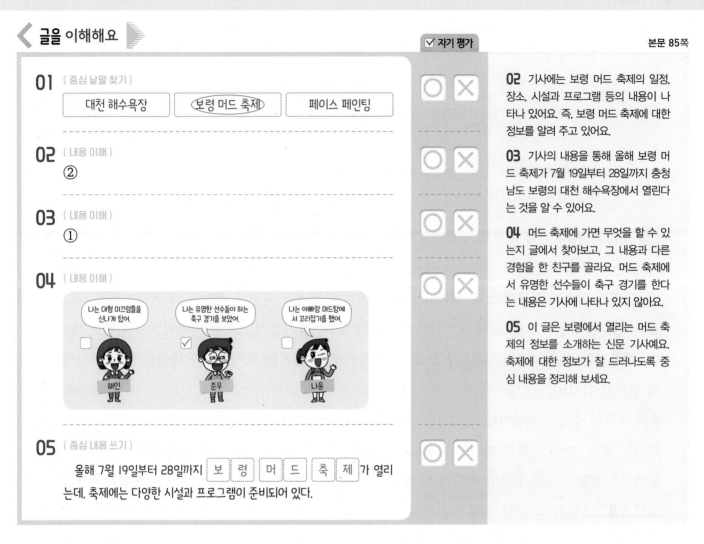

○ ✕

05 (중심 내용 쓰기)

올해 7월 19일부터 28일까지 |보|령| |머|드| |축|제|가 열리는데, 축제에는 다양한 시설과 프로그램이 준비되어 있다.

○ ✕

02 기사에는 보령 머드 축제의 일정, 장소, 시설과 프로그램 등의 내용이 나타나 있어요. 즉, 보령 머드 축제에 대한 정보를 알려 주고 있어요.

03 기사의 내용을 통해 올해 보령 머드 축제가 7월 19일부터 28일까지 충청남도 보령의 대천 해수욕장에서 열린다는 것을 알 수 있어요.

04 머드 축제에 가면 무엇을 할 수 있는지 글에서 찾아보고, 그 내용과 다른 경험을 한 친구를 골라요. 머드 축제에서 유명한 선수들이 축구 경기를 한다는 내용은 기사에 나타나 있지 않아요.

05 이 글은 보령에서 열리는 머드 축제의 정보를 소개하는 신문 기사예요. 축제에 대한 정보가 잘 드러나도록 중심 내용을 정리해 보세요.

어휘를 익혀요

본문 86~87쪽

01 ❶ ㅁ ❷ ㄴ ❸ ㄱ ❹ ㄹ ❺ ㄷ

02 ❶ 축제 ❷ 프로그램 ❸ 진흙

03

18 독감은 감기가 아니라고

코칭 Tip 이 글은 독감과 감기의 다른 점 및 독감을 예방하는 방법에 대해 설명하고 있습니다. 독감과 감기에 걸리는 원인을 파악하고 독감에 걸리지 않으려면 어떻게 해야 하는지 확인하며 글을 읽을 수 있도록 합니다.

◆ 어떤 질병에 대해 설명하고 있는지 해당하는 낱말 두 개를 찾아 색칠해요.

◆ 독감과 감기에 걸리는 원인에 각각 밑줄을 그어요.

1 독감과 감기는 왜 다르게 부를까요? 독감은 독한 감기라고 생각하는 경우가 있는데, 독감과 감기는 다른 병이에요. 그래서 다르게 부르는 것이지요. 이 둘은 '인플루엔자 바이러스' 때문에 걸리는지, 그렇지 않은지로 구별할 수 있어요. 인플루엔자 바이러스 때문에 걸리는 게 독감이에요. 독감은 감기보다 심하게 아프고, 널리 퍼지니까 주의해야 해요. 감기를 일으키는 바이러스는 굉장히 다양한데, 대표적인 것은 리노바이러스와 코로나바이러스예요. 감기는 바이러스가 다양한 만큼 독감에 비해 걸리기 쉬워요.

▶ 독감과 감기의 다른 점

2 독감의 증상은 사람마다 다르지만 열이 39도 이상까지 올라가고 오슬오슬 추운 것처럼 몸이 떨리기도 해요. 머리랑 몸도 아프고 기침도 심하게 하지요. 이렇게 아프지 않기 위해서는 어떻게 해야 할까요? 예방 주사를 맞으면 독감에 안 걸릴 수 있어요. 우리나라에서는 겨울부터 초봄까지 독감이 유행해요. 그래서 그 전인 10월까지 예방 주사를 맞아야 효과가 있어요. 또 매년 다시 맞아야 해요. 하지만 감기는 원인이 너무 다양해서 예방 주사가 없답니다.

▶ 독감을 예방하는 방법

글을 이해해요

01 (중심 낱말 찾기)

| (감 기) | 기 침 | (독 감) | 유 행 | 주 사 |

◯ ✕

02 (내용 이해)

③

◯ ✕

03 (내용 이해)

❶ 감기   ❷ 독감   ❸ 독감

◯ ✕

04 (내용 이해)

주한

◯ ✕

05 (중심 내용 쓰기)

|독|감| 은 인플루엔자 바이러스 때문에 생기고 예방 주사를 맞아야

하지만, |감|기|를 일으키는 바이러스는 다양해서 예방 주사가 없다.

◯ ✕

02 2문단에서 독감의 증상을 설명하고 있어요. 손가락이 딱딱하게 굳는다는 증상은 찾을 수 없어요.

03 독감은 인플루엔자 바이러스 때문에 걸리고, 감기에 걸리게 하는 바이러스는 굉장히 다양한데 대표적인 것은 리노바이러스와 코로나바이러스라고 했어요. 그리고 독감은 감기보다 더 심하게 아프고 널리 퍼진다고 했어요.

04 2문단에서 독감 예방 주사는 독감이 유행하기 전인 10월까지 맞아야 하고, 매년 맞아야 한다고 했어요.

05 이 글은 독감과 감기의 다른 점 및 독감을 예방하는 방법에 대해 설명하고 있어요. 이 내용을 생각하면서 중심 내용을 정리해 보세요.

어휘를 익혀요

01 ❶ ㄷ   ❷ ㄱ   ❸ ㅁ   ❹ ㄹ   ❺ ㄴ   **02** ❶ 널리   ❷ 구별   ❸ 바이러스

03

19 포도밭에 숨긴 보물

본문 92쪽

> **코칭 Tip** 이 글은 부지런한 농부가 게으른 세 아들에게 전한 가르침이 담긴 이야기입니다. 세 아들이 땅을 갈아엎은 후에 어떤 일이 일어났는지 확인하고, 이를 통해 농부가 세 아들에게 전하고자 한 가르침이 무엇이었는지 이해하며 글을 읽을 수 있도록 합니다.

◆ 누가 누구에게 유언을 남겼는지 해당하는 인물을 찾아 색칠해요.
◆ 큰형이 깨닫게 된 아버지의 가르침에 밑줄을 그어요.

① 옛날에 부지런한 농부가 살았어요. 농부에게는 게으른 세 아들이 있었는데, 매일 놀기만 해서 늘 걱정거리였지요. 농부는 숨을 거두기 전에 세 아들을 불러 말했어요. "얘들아, 내가 죽거든 포도밭을 파 보아라. 밭에 묻어 둔 보물을 찾으면 너희가 평생 먹고살 수 있을 게다." 그 말을 남긴 후 농부는 세상을 떠나고 말았어요.

▶ 게으른 세 아들에게 유언을 남기고 죽은 농부

② 아버지의 장례식이 끝나자 세 아들은 보물을 찾기 위해 매일매일 포도밭을 열심히 갈아엎었어요. 포도밭의 어느 한 구석도 세 아들의 손이 가지 않은 곳이 없게 되었지요. 하지만 보물은 나오지 않았어요. 세 아들은 화가 났어요. "아버지께서 거짓말을 하신 거야!"

▶ 포도밭을 갈아엎었으나 보물이 나오지 않자 화가 난 세 아들

③ 시간이 흘러 한여름이 되고 세 아들은 우연히 그 포도밭을 지나가게 되었어요. 그런데 포도밭에는 그 어느 때보다도 탐스러운 포도가 열려 있지 뭐예요. 포도를 따서 맛을 보니 아주 달고 맛있었어요. 맛있는 포도가 열린 이유를 곰곰이 생각하던 세 아들은 자신들이 지난 몇 달간 포도밭을 열심히 갈아엎어서 밭이 기름지게 되었기 때문임을 알게 되었어요. 큰형이 말했어요. "드디어 보물을 찾았어!"

"형, 보물이라니?" 막냇동생이 물었어요.

"아버지께서는 우리에게 부지런히 밭을 일구며 살라는 가르침을 주신 거야. 그게 바로 보물이야." 세 아들은 아버지가 남겨 준 보물을 비로소 깨닫고 아버지께 고마운 마음이 들었어요. 그 후로 세 아들은 부지런히 농사를 지으며 살았다고 해요.

▶ 아버지의 가르침을 깨달은 세 아들

글을 이해해요

☑ 자기 평가

01 (인물 찾기)

[농부와 세 아들]   [어머니와 아버지]   [큰형과 막냇동생]

◯ ✕

02 (내용 이해)

①

◯ ✕

03 (내용 이해)

☐   ☑   ☐

◯ ✕

04 (중심 내용 쓰기)

농부가 세 아들에게 포도밭에 보 물 을 묻어 두었다고 한 이유는 세 아들이 부지런히 밭을 일구며 열 심 히 살기를 바랐기 때문이다.

◯ ✕

02 세 아들은 포도밭에 평생 먹고살 만큼의 보물을 묻어 두었다는 아버지의 유언을 듣고 매일매일 포도밭을 열심히 갈아엎었어요.

03 세 아들이 아버지의 유언을 듣고 열심히 포도밭을 갈아엎은 결과, 포도밭이 기름져서서 탐스럽고 맛있는 포도가 많이 열리게 되었어요.

(이럴 땐 이렇게!) 글과 함께 제시된 그림은 글의 핵심 내용을 나타낼 때가 많아요. 글과 함께 있는 그림을 보면 이 문제의 답도 어느 정도 파악할 수 있어요.

04 아버지가 남긴 보물의 의미를 깨달은 큰형의 말을 다시 읽으면서 세 아들이 알게 된 아버지의 가르침이 무엇인지 생각해 보세요. 이 내용이 잘 드러나도록 중심 내용을 정리해 보세요.

어휘를 익혀요

01 ❶ ㄹ   ❷ ㄱ   ❸ ㄴ   ❹ ㄷ   ❺ ㅁ

02 ❶ 숨   ❷ 갈아엎   ❸ 곰곰이

03

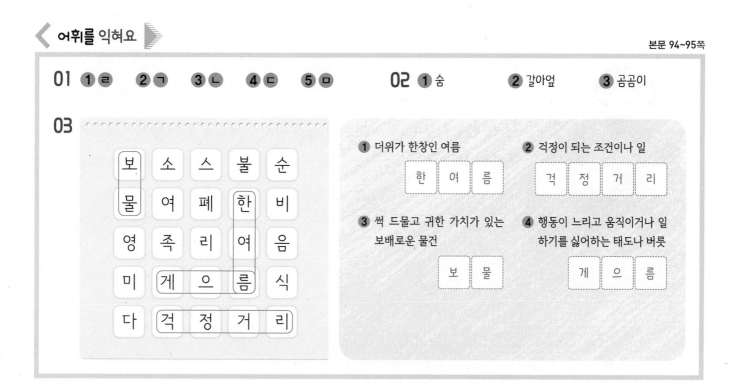

보	소	스	불	순
물	여	폐	한	비
영	족	리	여	음
미	게	으	름	식
다	걱	정	거	리

❶ 더위가 한창인 여름

한 여 름

❷ 걱정이 되는 조건이나 일

걱 정 거 리

❸ 썩 드물고 귀한 가치가 있는 보배로운 물건

보 물

❹ 행동이 느리고 움직이거나 일하기를 싫어하는 태도나 버릇

게 으 름

20 공으로 경기해요

코칭 Tip 이 글은 공을 이용하는 다양한 운동 경기의 특징에 대해 설명하고 있습니다. 축구, 농구, 배구, 야구의 경기 방법을 파악하며 글을 읽을 수 있도록 합니다.

◆ 축구, 농구, 배구, 야구를 할 때 공통적으로 이용하는 도구를 찾아 색칠해요.

◆ 축구, 농구, 배구, 야구의 경기 방법에 각각 밑줄을 그어요.

① 축구, 농구, 배구, 야구의 공통점은 무엇일까요? 바로 공을 이용하는 운동 경기라는 것입니다. 모두 공을 이용하지만 경기 방법이나 규칙은 제각각 다릅니다.

중심 소재

▶ 공을 이용하는 운동 경기들

② 축구는 주로 머리와 발로 공을 차서 상대편의 골문에 공을 많이 넣는 것으로 승부를 겨루는 경기입니다. 열한 명이 한 팀을 이루며, 골문을 지키는 골키퍼 이외의 선수는 손을 쓰면 안 됩니다.

축구 경기의 방법

▶ 축구 경기의 방법과 특징

③ 농구는 상대편의 농구대에 달린 바스켓에 공을 던져 넣어 점수를 많이 얻은 팀이 이기는 경기입니다. 다섯 명이 한 팀이 되어 경기를 합니다.

농구 경기의 방법

▶ 농구 경기의 방법과 특징

④ 배구는 사각형으로 된 코트에서 하는 경기입니다. 코트의 중앙에 있는 네트를 사이에 두고 두 팀이 경기를 합니다. 공을 바닥에 떨어뜨리지 않고 손으로 쳐서 세 번 안에 상대편 코트로 넘겨야 하며, 여섯 명이 한 팀을 이룹니다.

배구 경기의 방법

▶ 배구 경기의 방법과 특징

⑤ 야구는 두 팀이 공격과 수비를 번갈아 하며 총 9회 동안 승부를 겨루는 경기입니다. 아홉 명이 한 팀을 이루며, 투수가 던진 공을 타자가 배트로 치는 방식으로 경기가 진행됩니다.

야구 경기의 방법

▶ 야구 경기의 방법과 특징

◀ 글을 이해해요 ▶

☑ 자기 평가

본문 97쪽

01 (중심 낱말 찾기)

공 | 선 수 | 승 부 | 점 수

○ ✕

02 (내용 이해)

1 ㄹ   **2** ㄱ   **3** ㄴ   **4** ㄷ

○ ✕

03 (내용 이해)

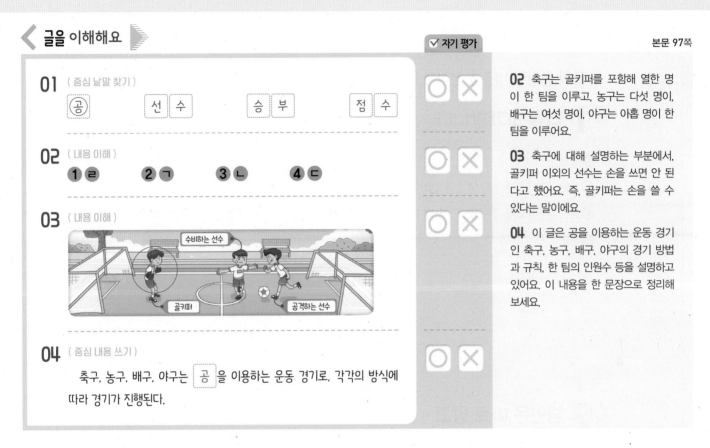

수비하는 선수
골키퍼
공격하는 선수

○ ✕

04 (중심 내용 쓰기)

축구, 농구, 배구, 야구는 공 을 이용하는 운동 경기로, 각각의 방식에
따라 경기가 진행된다.

○ ✕

02 축구는 골키퍼를 포함해 열한 명이 한 팀을 이루고, 농구는 다섯 명이, 배구는 여섯 명이, 야구는 아홉 명이 한 팀을 이루어요.

03 축구에 대해 설명하는 부분에서, 골키퍼 이외의 선수는 손을 쓰면 안 된다고 했어요. 즉, 골키퍼는 손을 쓸 수 있다는 말이에요.

04 이 글은 공을 이용하는 운동 경기인 축구, 농구, 배구, 야구의 경기 방법과 규칙, 한 팀의 인원수 등을 설명하고 있어요. 이 내용을 한 문장으로 정리해 보세요.

◀ 어휘를 익혀요 ▶

본문 98~99쪽

01 **1** ㄴ   **2** ㄹ   **3** ㄱ   **4** ㅁ   **5** ㄷ

02 **1** 제각각   **2** 승부   **3** 점수

03

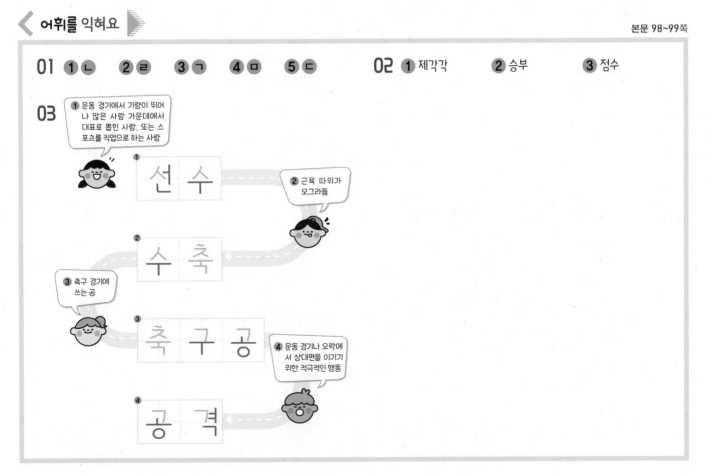

1 운동 경기에서 기량이 뛰어나 많은 사람 가운데에서 대표로 뽑힌 사람. 또는 스포츠를 직업으로 하는 사람

① 선 수

2 근육 따위가 오그라듦

② 수 축

3 축구 경기에 쓰는 공

③ 축 구 공

4 운동 경기나 오락에서 상대편을 이기기 위한 적극적인 행동

④ 공 격

실력 확인

△ 글의 문단별 내용을 정리하고 주제를 써 보아요.

01 나를 소개합니다

본문 8쪽

- **①문단** 첫 인 사 하기
- **②문단** 자기소개 ①: 이 름 소개하기
- **③문단** 자기소개 ②~③: 가 족 및 별명 소개하기
- **④문단** 끝 인 사 하기

✎ **주제** 한가람이의 자 기 소 개

02 범인은 바로 망고

본문 12쪽

- **①문단** 퍼 즐 맞추기가 취미임
- **②문단** 잃어버린 퍼즐 조각을 망 고 의 집에서 발견함

✎ **주제** 퍼 즐 조 각 을 잃어버렸던 일을 적은 하은이의 일기

03 장난감이 위험해

본문 16쪽

- **①문단** 설명할 내용 소개
- **②문단** 장난감 총 을 가지고 놀 때의 주의점
- **③문단** 장난감을 입 에 넣으면 안 되는 이유
- **④문단** 장난감을 가지고 논 뒤 의 주의점

✎ **주제** 장 난 감 을 안전하게 가지고 놀기 위한 방법

○4 더위는 먹는 게 아니야

본문 20쪽

1문단 설명할 내용 소개

2문단 일 사 병 의 뜻

3문단 일사병의 증 상

4문단 일사병의 예 방 방법과 일사병에 걸렸을 때의 처치 방법

✔**주제** 일 사 병 의 증상과 일사병에 걸렸을 때 처 치 방법

○5 커서 무엇이 될까요

본문 24쪽

1문단 애 벌 레 와 어른벌레의 뜻

2문단 애벌레와 어른벌레의 차 이 점

3문단 애벌레와 어른벌레의 먹 이 비교

✔**주제** 애 벌 레 와 어른벌레의 비교

○6 친구들 앞에서 발표해요

본문 32쪽

1문단 가전제품이 위 험 한 이유

2문단 가전제품을 안 전 하게 사용하는 방법

3문단 안 전 알림장 만들기에 대한 제안

✔**주제** 가 전 제 품 을 안전하게 사용하는 방법

실력 확인

07 새우는 왜 빨개질까

본문 36쪽

1문단 새 우 의 색깔에 대한 궁금증 제시

2문단 새우가 살아 있을 때 아스타크산틴의 색 깔 변화

3문단 새우를 익혔을 때 아스타크산틴의 색깔 변화

4문단 아스타크산틴의 역 할

주제 새우가 빨 간 색 으로 변하는 과정과 그 이유

08 수박은 계절이 있다고요

본문 40쪽

1문단 여 름 이 제철인 수박

2문단 제철 채소나 제철 과 일 을 먹어야 하는 이유

주제 과일이나 채소를 제 철 에 먹어야 하는 이유

09 무엇을 가지고 일할까

본문 44쪽

1문단 일을 할 때 도 구 를 사용하는 이유

2문단 경찰관이 쓰는 도구: 수 갑

3문단 어 부 가 쓰는 도구: 그물

4문단 의사가 쓰는 도구: 청 진 기

5문단 정 원 사 가 쓰는 도구: 물뿌리개

주제 각 직 업 에 알맞은 도 구

10 바람을 타고 날아가 버린 말

본문 48쪽

1문단 남의 험담을 일삼는 소년

2문단 자신의 잘못을 깨닫지 못하는 소년에게 노인이 제안을 함

3문단 소년이 깃털 줍기에 실패함

4문단 노인의 가르침

✔주제 신중한 말하기 태도의 중요성

11 임금님 귀는 당나귀 귀

본문 56쪽

1문단 임금님은 큰 귀를 감추기 위해 높은 모자를 씀

2문단 임금님은 모자 만드는 사람에게 자신의 비밀에 대해 말하지 않도록 명령함

3문단 모자 만드는 사람은 죽기 전에 대나무 숲에서 임금님의 비밀을 외침

4문단 바람이 불 때마다 대나무 숲에서 목소리가 들려옴

✔주제 대나무 숲에서 임금님의 비밀을 외친 모자 만드는 사람

12 안전띠를 안전하게 매요

본문 60쪽

1문단 안전띠를 매야 하는 이유

2문단 안전띠를 올바르게 매는 방법

✔주제 안전띠를 올바르게 매는 방법

실력 확인

13 신호등을 알아봐요

본문 64쪽

- **1문단** 신 호 등 의 색깔에 대한 궁금증 제시
- **2문단** 신호등에서 빨 간 색 의 의미
- **3문단** 신호등에서 초 록 색 의 의미
- **4문단** 초록불이 깜 박 일 때의 의미와 행동 요령

✔ **주제** 신호등의 빨 간 불 과 초록불이 지닌 의미

14 물이 없어도 괜찮아

본문 68쪽

- **1문단** 물이 부족해도 잘 사는 선 인 장
- **2문단** 선인장의 생 김 새 와 서식지
- **3문단** 선인장이 물 없이 오랫동안 살 수 있는 이유

✔ **주제** 오랫동안 물 을 주지 않아도 선 인 장 이 잘 살 수 있는 이유

15 곰은 겨울에 잠을 잔대요

본문 72쪽

- **1문단** 동식물에게 힘든 계절인 겨 울
- **2문단** 겨 울 잠 을 자며 겨울을 이겨 내는 동물들

✔ **주제** 추운 겨울을 이겨 내기 위해 겨 울 잠 을 자는 동물들

16 길에서 개를 만나면

본문 80쪽

1문단 `개` 를 만났을 때 주의할 점

2문단 `사` `나` `운` 개와 마주쳤을 때 주의할 점

3문단 개와 외출할 때 `주` `인` 이 주의할 점

4문단 면담자에 대한 감사의 인사 및 `면` `담` 종료

✅ **주제** `개` 가 사람을 무는 사고를 `예` `방` 하기 위해 주의해야 할 점

17 진흙 속으로 풍덩

본문 84쪽

1문단 보령 머드 축제의 `일` `정` 및 장소 소개

2문단 보령 머드 축제의 `시` `설` 과 프로그램 소개

3문단 보령 머드 축제에 대한 `정` `보` 를 얻을 수 있는 곳 안내

✅ **주제** 보령에서 열리는 `머` `드` `축` `제` 에 대한 정보

18 독감은 감기가 아니라고

본문 88쪽

1문단 `독` `감` 과 감기의 다른 점

2문단 독감을 `예` `방` 하는 방법

✅ **주제** `독` `감` 이 `감` `기` 와 다른 점 및 독감을 예방하는 방법

51

실력 확인

19 포도밭에 숨긴 보물

본문 92쪽

1문단 게으른 세 아들에게 유 언 을 남기고 죽은 농부

2문단 포도밭을 갈아엎었으나 보 물 이 나오지 않자 화가 난 세 아들

3문단 아버지의 가 르 침 을 깨달은 세 아들

✔**주제** 부지런한 농 부 가 세 아들에게 전한 가 르 침

20 공으로 경기해요

본문 96쪽

1문단 공 을 이용하는 운동 경기들

2문단 축 구 경기의 방법과 특징

3문단 농 구 경기의 방법과 특징

4문단 배 구 경기의 방법과 특징

5문단 야 구 경기의 방법과 특징

✔**주제** 공 을 이용하는 다양한 운동 경기의 특징